高技术企业
开放式知识产权管理绩效对创新效率作用机理研究

康 鑫 ◎ 著

中国财经出版传媒集团

经济科学出版社
Economic Science Press

图书在版编目（CIP）数据

高技术企业开放式知识产权管理绩效对创新效率作用机理研究 / 康鑫著 . —北京：经济科学出版社，2020.12

ISBN 978 – 7 – 5218 – 2182 – 6

Ⅰ.①高… Ⅱ.①康… Ⅲ.①高技术企业 – 知识产权 – 企业绩效 – 影响 – 企业创新 – 研究 Ⅳ.①F273.1

中国版本图书馆 CIP 数据核字（2020）第 248120 号

责任编辑：崔新艳
责任校对：王肖楠
责任印制：范　艳

**高技术企业开放式知识产权管理绩效
对创新效率作用机理研究**

康　鑫　著

经济科学出版社出版、发行　新华书店经销
社址：北京市海淀区阜成路甲 28 号　邮编：100142
经管编辑中心电话：010 – 88191217　发行部电话：010 – 88191522
网址：www.esp.com.cn
电子邮件：expcxy@126.com
天猫网店：经济科学出版社旗舰店
网址：http://jjkxcbs.tmall.com
北京季蜂印刷有限公司印装
710×1000　16 开　10.75 印张　170000 字
2021 年 1 月第 1 版　2021 年 1 月第 1 次印刷
ISBN 978 – 7 – 5218 – 2182 – 6　定价：56.00 元
（图书出现印装问题，本社负责调换。电话：010 – 88191510）
（版权所有　侵权必究　打击盗版　举报热线：010 – 88191661
　QQ：2242791300　营销中心电话：010 – 88191537
　电子邮箱：dbts@esp.com.cn）

序

经济全球化的不断加速和知识经济的发展对全球范围内的产品生产模式、经济增长方式、产业结构等产生了深远的影响,以信息技术、新材料技术、空间技术等为代表的高技术企业展现出了前所未有的发展前景。高技术企业的发展与知识产权的发展密不可分。由于知识产权具有独占性、可转移性、投入产出比高等特点,对于高技术企业来说,知识产权的创造、申请和保护构成了企业战略的重要组成部分。随着"大众创业、万众创新"的迅速推进实施,知识产权中科技创新特色明显增强。以国家基础性战略资源——知识产权为核心,深入实施国家知识产权战略,建设知识产权强国、推进科技发展与应用、整合创新创业资源,是实现创新驱动发展战略的重要环节。然而,由于信息化和全球化背景下知识员工数量的骤增和高流动性、风险投资市场兴起、外部思想的可用性、大学等科研机构研究能力的提高以及外部供应商能力的不断增强等因素的影响,高技术企业需要平衡内部创新与外部获取、内部应用与外部应用之间的关系,充分关注知识产权的跨组织流动和优化配置。

本书立足于提高高技术企业知识产权管理水平的实际需求以及开展技术创新活动的现实需要,为破解当前高技术企业传统创新资源匮乏、创新资源投入产出失衡等问题,结合当今高技术企业创新范式和知识产权实际的环境背景,提出全新的开放式知识产权管理概念,根据高技术企业高投入、高产出、高风险等特质以及知识密集、技术密集的特点,给出开放式知识产权管理系统完整的理论框架，分析开放式知识产权管理系统及各个子系统的概念、构成和耦合机制。在此基础上，结合高技术企业知识产权管理难以量化评价的实际，提出了开放式知识产权管理系统的评价方法以及高技术企业创新效率的评价方法，通过引入恰当的中介和调节变量，提出高技术企业开放式知识产权管理系统与产业创新效率作用机理的假设，并通过实证分析进行验证。然后，结合高技术企业知识产权管理实践和高技术企业创新实践，从产业层面和企业层面提出保障开放式知识产权管理系统与创新效率的协同政策体系，以期从知识产权视角为提升中国高技术企业创新效率开拓全新路径，也为企业知识产权管理实践提供借鉴。

本书所构建的高技术企业开放式知识产权管理系统，以及所发掘的知识产权管理绩效对创新效率的作用机理，立足于国家知识产权战略实施的高度，更加满足高技术企业发掘创新边际的实际需要。本书适用于管理类领域的相关研究者，同时适用于高技术企业技术创新人才和知识产权从业人员，也可为企业管理类人员的培养提供参考。

作者

2020 年 12 月

目录
Contents

第一篇　导　论

第一章　高技术企业开放式知识产权管理概论 ……………… 3
  第一节　知识产权管理概论 …………………………………… 3
  第二节　开放式知识产权管理 ………………………………… 8

第二章　高技术企业创新管理概论 …………………………… 12
  第一节　高技术企业创新概述 ………………………………… 12
  第二节　高技术企业创新现状分析 …………………………… 15

第三章　国内外知识产权管理及创新管理研究述评 ………… 24
  第一节　国外研究动态 ………………………………………… 24
  第二节　国内研究动态 ………………………………………… 29
  第三节　国内外研究动态评述 ………………………………… 34

第二篇　高技术企业开放式知识产权管理系统理论框架

第四章　高技术企业开放式知识产权管理现状及启示 ……… 39
  第一节　高技术企业开放式知识产权管理内涵及外延 ……… 39

第二节　国内高技术企业开放式知识产权管理现状及启示 …… 42

第三节　国外高技术企业知识产权管理现状及启示 …………… 54

第五章　高技术企业开放式知识产权管理系统构建及分析 ……… 60

第一节　高技术企业开放式知识产权管理系统的特征 ………… 60

第二节　高技术企业开放式知识产权管理系统的构建原则 …… 62

第三节　中国高技术企业开放式知识产权管理系统影响因素分析 … 64

第四节　中国高技术企业开放式知识产权管理系统的框架模型 … 66

第六章　高技术企业开放式知识产权管理子系统分析 …………… 71

第一节　开发管理子系统分析 …………………………………… 71

第二节　保护管理子系统分析 …………………………………… 73

第三节　运营管理子系统分析 …………………………………… 76

第四节　协同管理子系统分析 …………………………………… 79

第五节　知识产权管理系统协同发展的概念模型 ……………… 81

第三篇　高技术企业开放式知识产权管理系统运行机制及管理绩效评价

第七章　高技术企业开放式知识产权管理系统运行机制分析 …… 85

第一节　总系统运行机制 ………………………………………… 85

第二节　开发管理子系统运行机制 ……………………………… 86

第三节　保护管理子系统运行机制 ……………………………… 92

第四节　运营管理子系统运行机制 ……………………………… 95

第八章　高技术企业开放式知识产权管理绩效研究 ……………… 100

第一节　基于两种因素组合赋权的评价模型 …………………… 100

第二节　开放式知识产权管理绩效实证分析 …………………… 108

第九章　高技术企业创新效率评价研究 …………………………… 114

第一节　创新效率评价指标初选及关键要素识别 ……………… 114

第二节　基于DEA-TOPSIS高技术企业创新效率评价 ………… 119

第十章 高技术企业开放式知识产权管理系统与创新效率作用机理分析 ………… 125
第一节 假设提出及作用机理模型构建 …………………… 125
第二节 实证研究设计 …………………………………… 128
第三节 假设检验与实证分析 …………………………… 131

第十一章 开放式知识产权管理系统与创新效率协同保障政策体系研究 …………………………………………………… 135
第一节 产业层面 ………………………………………… 135
第二节 企业层面 ………………………………………… 139

参考文献 …………………………………………………………… 146

第一篇
导 论

第一章　高技术企业开放式知识产权管理概论

第一节　知识产权管理概论

一、知识产权管理的内涵及外延

(一) 知识产权的概念及特点

1. 知识产权的概念

知识产权，亦称"知识所属权"，指"权利人对其智力劳动所创作的成果享有的财产权利"，一般只在有限时间内有效。各种智力创造（如发明、外观设计、文学和艺术作品）以及在商业中使用的标志、名称、图像，都可被认为是某一个人或组织所拥有的知识产权。一般而言，知识产权的内涵随着人类社会实践的发展而不断完善，同时也与国别和国际公约的相关规定有关（康鑫，2019）。

在经济急速发展的社会大背景下，无形资产的重要性日益凸显，企业在关注有形资产的同时，逐渐注重对无形资产的保护与运用。而知识产权是无形资产中占据核心地位的一项资产，相较于有形资产，知识产权因其特有的专有性和经济性而在企业的生产经营过程中扮演越来越重要的角色，对企业的发展影响深远（卫毓珊，2019）。

2. 知识产权的特点

知识产权的特点与企业竞争优势来源的稀缺性相一致，具体表现为以下两个方面。

（1）专有性。知识产权的专有性是知识产权的核心特征，具体表现为独占性和排他性，即知识产权为权利人所独占，权利人垄断这种专有权利并受到严格保护，没有法律规定或未经权利人许可，任何人不得使用权利人的知识产品。也就是说，对同一项知识产品，不允许有两个或两个以上同一属性的知识产权并存。

（2）经济性。即知识产权通过商业化等途径转化为知识成果，为企业带来经济收益。

（二）知识产权管理的重要性

近年来，随着云计算、人工智能、区块链等新技术深入发展并普遍应用，知识作为竞争性资源获得的关注日益凸显，知识创新的理论和实践研究也愈加重要。鉴于知识产权在促进经济发展、提升国家竞争力方面的重要性日益凸显，社会整体逐步重视知识产权的开发与管理，许多国家将知识产权作为战略资源来管理。在国家创新体系中，企业是自主创新的重要主体，企业知识产权管理也是知识产权开发、知识产权保护、知识产权运营、知识产权协同的主体。因此，企业知识产权管理的有效开展对国家知识产权战略能否顺利实施具有深远影响（李潭，2015）。国家知识产权局规划发展司2019年第2期《知识产权统计简报》显示，2017年有专利活动企业的新产品销售比率为127.7%，明显高于无专利活动企业的5.3%；从企业经营效益来看，新产品销售收入中出口额的占比高出无专利活动企业17.6个百分点，显示拥有高质量发明专利企业效益更加突出。

在历经技术开发、确权、市场实验推广等环节后，创新驱动发展最终实现市场化并满足社会需求。以市场为主导的自由市场经济所引发的知识产权的非最优化运用、侵权、保护过度等现象均对创新主体的利益造成了损害，进而挫伤创新主体进一步创新改善的积极性。出于保护知识产权并为技术创新发展提供坚强制度保障的目的，世界各国相应出台一系列政策条文，知识产权制度应运而生。知识产权制度的作用具体表现为：确保知识产权参与各方的合理诉求不被侵犯，为技术创新提供制度保证，严厉遏制模仿或窃取知识智力成果行为，最终推动知识进化和技术革命。国家知识产权局2019年中国专利调查报告显示，有13.3%的专利权人表示曾遭遇专利侵权，较2018年增加了2.7个百分点。从产业来看，战略性新兴产业遭遇专利侵权的比例较非战略性新兴产业高1.4个百分点。因此，在重大经济转型期，实施创新驱动发展战略，就要求我们必须加强知识产权保护，发挥知识创新的引领作用，激发全社会创新活力，不断提高我国核心竞争力，实现全面协调可持续发展（李洁，2018）。

(三) 知识产权的范围

世界知识产权组织（World Intellectual Property Organization，WIPO）认为，知识产权包括著作权及邻接权、专利权、工业品外观设计权、商标权、科学发现、防止不正当竞争的权利。《与贸易有关的知识产权协议》(Agreement on Trade-Related Aspects of Intellectual Property Rights，TRIPS)认为，知识产权包括著作权及邻接权、专利权、工业品外观设计权、商标权、地理标志权、集成电路布图设计权、未公开信息、植物新品种。

随着科学研究边界的进一步扩展，知识产权保护对象的范围也在不断扩大，计算机软件、生物工程技术、遗传基因技术、植物新品种等新的知识成果不断涌现，并成为各国所公认的知识产权保护对象。

二、知识产权的历史沿革

知识产权制度大致起源于公元13世纪的欧洲，经过几百年的发展，知识产权制度对人类社会的经济、文化、科技和贸易产生深刻的影响。总体而言，知识产权的历史沿革可以分为以下几个阶段。

(一) 萌芽阶段

一般认为，现代知识产权制度确立于公元13世纪至14世纪，封建王室以敕令和法令的形式授予知识、技术创造者某种特权。特权的确立被认为是社会对智力、知识成果独占权的一种承认，确立了智力成果仅能够被所有权人所独享，即知识产权的专有性。

(二) 制度化阶段

公元15世纪至19世纪末，产业革命进一步促进了创新思潮，特权制度逐渐难以适应经济的发展，知识产权制度亟待补充和完善。从1474年的《发明人法规》到1857年的《关于以使用原则和不审查原则为内容的制造标记和商标的法律》等，相关法律法规的相继建立极大地促进了知识产权制度的进一步确立。一般认为，西方发达国家普遍于19世纪末建立起了涵盖专利制度、商标制度和版权制度的系统知识产权制度。

(三) 持续发展阶段

19世纪末至20世纪末，知识产权制度得到进一步的完善和发展，主要表现在以下两个方面。

1. 纵向发展

纵向发展：西方发达国家普遍于19世纪末建立了适应本国经济的系统知识产权制度，然而，19世纪末至20世纪末，随着经济和国际贸易的发展，各国的知识产权制度也得到进一步的丰富、完善与发展。随着国际知识产权制度的建立，知识产权制度逐步趋于国际化，知识产权保护范畴也不断扩大。至1970年WIPO成立时，各国的知识产权制度已登上了一个新的台阶。

2. 横向发展

在这一阶段，知识产权制度在更多国家得以建立。社会主义国家与独立的发展中国家为寻求本国经济的复苏与发展，于20世纪中后期开始逐步重视知识产权保护，并确立知识产权保护制度，如苏联和东欧国家均制定了属于自己的专利法、商标法、版权法等。20世纪80年代起，我国逐步重视知识产权并制定知识产权法律制度，使知识产权有法可循。

当然，由于制度的不同、经济实力的不同，国与国之间的知识产权制度有很大的不同。如苏联和大多数东欧国家施行的是"双轨制"的知识产权制度，使用证书制和专利制的保护机制；部分独立的发展中国家实行的是"输入专利"（patent of importation）和"确认专利"（patent of confirmation）等制度，这种专利制度更多地依赖于原宗主国的专利制度，并没有独立的专利制度。

（四）全球知识产权制度发展阶段

从20世纪末至今，随着经济的快速发展，知识产权逐步成为企业提升并保持竞争力的焦点，知识产权保护问题也开始逐步受到许多国家的重视。一些国家一方面加大立法、执法力度，提升知识产权保护能力，另一方面则设法促进国际公约的订立与完善，以促使他国提升自身知识产权保护水平。

这一阶段最引人注目的发展是TRIPS的订立，其不但延展了知识产权保护范畴，而且为世界贸易组织（World Trade Organization，WTO）成员国的知识产权制度设定了一个最低保护标准并在相当大的程度上得到统一，对全球范围内的知识产权制度和各国经济贸易的逐步拓展产生了重要影响。

（五）全球知识产权新趋势与我国应对策略

新一轮科技革命正在孕育兴起，知识产权管理的重要性进一步凸显。各国为提升综合国力，均将知识产权管理上升到国家战略层面，通过加强知识产权的保护和利用带动整体知识创新和技术变革（杨早立，2016）。面对新一轮科技革命的到来，我国施行加快转变经济发展方式策略，推进由高速度到高质量模式的变革，建设创新驱动型国家。

在这种背景下，对全球知识产权发展新动向和发展趋势的关注尤为重要。当前，全球知识产权迅猛发展并呈现出以下新趋势。

1. 创新对知识产权保护的需求更加迫切

WIPO 发布的 2019 年《世界知识产权报告》显示，在 21 世纪初，所有科学论文中的 64% 由科学家以团队形式完成，所有专利中的 54% 由发明人团队获得。到 2015 年以后，这些数字分别增至近 88% 和 68%。产权组织总干事弗朗西斯·高锐指出："当今的创新格局在全球范围紧密关联，面对共同的全球挑战，日渐复杂的技术解决方案需要数量更多、专业性更强的研究人员队伍，而这有赖于国际合作。各经济体必须在追求创新方面保持开放。"由此可见，在全球范围提升知识产权保护水平，对于建立良好创新生态系统不可或缺。

2. 知识产权制度功能"失衡"现象不容忽视

随着数字经济和全球经济的一体化发展，在知识产权保护的重要性日益凸显的同时，知识产权滥用现象增多，如何平衡知识产权保护与维护市场公平竞争是全球知识产权发展必须解决的问题。

3. 商业秘密的重要性进一步凸显

自中国加入 WTO 以来，商业秘密纠纷也日益凸显。在 G20 杭州峰会上，中美双方对"发展和保护包括商业秘密在内的知识产权的重要性"予以确认，商业秘密保护的重要性日趋显现。

4. 大环境的变化对高技术企业技术创新提出了新要求

近年来，技术经济得到迅猛发展，高技术产品贸易数量逐渐提升。在贸易摩擦不断、风险挑战日益增多、以维护自身利益为目标的知识产权贸易壁垒凸显的复杂背景下，高技术企业技术如何加强知识产权管理、突破各种障碍以创新促进企业的健康可持续发展成为全社会的焦点。

全球知识产权发展的环境背景对我国的高技术企业知识产权管理而言

是一把"双刃剑",在给予严峻挑战的同时,又为高技术企业对外寻求资源提供了更为广阔的渠道。因此,从顶层设计层面出发,我国知识产权管理应考虑以下问题。

1. 建立健全有效的知识产权保护执法体系

习近平总书记在2018年博鳌亚洲论坛开幕式的主旨演讲中强调,加强知识产权保护是完善产权保护制度最重要的内容,也是提高中国经济竞争力最大的激励。全球知识产权发展新趋势对我国知识产权保护执法体系的补充和完善也提出了新要求,即积极推进知识产权保护工作、加强市场监管力度、严格推进行政执法和司法保护条例,完善知识产权保护网络。

2. 促进知识产权保护与防滥用平衡发展

国务院公布的《国家知识产权战略纲要》指出:从总体上看,我国知识产权制度仍不完善,侵犯知识产权现象还比较突出,知识产权滥用行为时有发生。如何积极有效地防范知识产权滥用成为全社会关注的重点。因此,知识产权的管理应重点考虑以下层面。

(1)在法律层面,秉承"平衡保护"原则,即在完善知识产权保护制度的同时,完善防止知识产权滥用的制度。

(2)在企业层面,提升企业本身识别和防范知识产权滥用行为的能力,遭遇知识产权滥用行为危害时,敢于运用法律等途径维护企业合法利益。

3. 整体提升商业秘密保护意识和能力

(1)立法层面,亟待改善商业秘密保护法律环境。一方面规范商业秘密保护范畴,制定具体可行的商业秘密管理办法;另一方面细化执法程序和处罚标准,加强各部门间的协调与合作。

(2)企业层面,提升企业商业秘密保护意识和能力。企业须根据自身经营和商业秘密的特点,建立健全组织制度,加强对商业秘密的保护。

第二节 开放式知识产权管理

一、开放式知识产权管理的背景

建立知识产权制度的初衷是保护所有权人的智力成果,激励所有权人积极进行各类知识、智力成果的开发，企业具体知识产权管理活动的开展也是在既定知识产权制度的基础上，权衡知识产权保护和知识产权开发与运营，实现自身知识产权价值的最大化。在传统的知识产权管理模式下，知识产权创造的边界是相对封闭的，各类技术创新活动和知识产权活动通常局限在企业内部，同时，企业技术的商业化过程也通常在企业内部实施，企业往往更加倾向于保护核心技术并维持自身的竞争优势。福斯富里（Fosfuri，2006）认为，企业在创造过程中遵循着一个假设前提，即"行业中最聪明的员工聚集在本企业内部"，所以企业相应的策略是"成功的创新需要控制"。这种传统的、以知识产权保护为重心的知识产权管理形式虽然能够在最大限度内保障自身权益不受侵害，但在信息化和全球化的时代背景下，仅依靠企业内部资源已无法满足各类知识产权活动的实际需求。随着知识员工数量的骤增和高流动性、风险投资市场的兴起、外部思想的可用性、大学等科研机构研究能力的提高以及外部供应商能力的不断增强，资源禀赋、信息禀赋和知识禀赋的交流能够很好地弥补不同知识产权主体在某些领域的不足，传统知识产权管理方式约束了创新要素的必要流动与分享，降低了创新效率。在此背景下，应扩大知识产权管理的边界，寻求在外部环境变化条件下如何平衡知识产权保护与开放合作，在提升自身知识产权管理效率的同时降低开放带来的负外部效应。

二、开放式知识产权管理的内涵

开放式知识产权管理概念的提出建立在"开放式创新"理论的基础上。切斯布洛和克劳瑟（Chesbrough and Crowther，2006）提出的"开放式创新"概念及其理论并得到学者们的广泛认同，该理论成为之后创新管理和创新实践相关领域研究的热点。切斯布洛和克劳瑟将开放式创新界定为"企业能够并应当如同利用内部创意一样利用外部创意，以及内部的和外部的市场化途径，由此提升企业技术能力的一种范式"。它包括由外而内、由内而外和双向流程三种基本流程类型。开放式创新理论的不断发展对知识产权管理提出了更高的要求，学者们开始逐步关注知识产权管理的开放性和合作性的特征，开始思考知识、智力成果的专属权与利益分享机制。贝森和马斯金（Bessen and Maskin，2009）提出，在静态的环境中，知识产权制度会极大地促进创新，而在动态环境中，知识产权制度会阻碍互补性的创新；知识产权保护的强度不是越强越好，而应该是一种既限制模仿抄袭又鼓励进行相似的互补性开发和创新的平衡模式。阿罗拉等（Arora et al.，2001）研究了技术市场对企业合作和技术战略的影响，认为技术市场使得企业既是技术的卖方也是买方，因此，企业的知识产权管理变得尤为重要，企业需要关注外部技术变化，同时也要考虑是通过技术许可还是通过合资并购来获取外部技术。对企业来说，技术市场降低了行业的准入门槛，也提升了企业间的竞争。根据以上分析，本研究根据行业特点和知识产权管理环境的新"常态"，将高技术产业知识产权管理所面临的关键知识产权保护与产业乃至企业间合作共享的两难困境综合考虑，认为企业开放式知识产权管理是企业知识产权相关部门为保证自身知识产权战略的落实以及知识产权活动的顺利开展，以追求智力成果经济效益最大化为目标，在维护自身合法权益不受侵害的前提下，采取企业间技术联盟、企业集群、价值链上下游之间知识、技术、资源协同等形式，以"合作"代替"竞争"，以"共享"代替"独占"，实现知识产权资源利用和研发效率最大化的经营活动。开放式知识产权管理涵盖了企业知识产权开发、知识产权保护、知识产权运营和知识产权协同四个维度。

三、开放式知识产权管理的特点

在传统的知识产权管理模式下，企业生产经营所依赖的知识创造与创新均来源于企业内部，知识产权创造边界的封闭性、知识产权活动的局限性、产权商业化的内部实现性均难以适应当今便捷、畅通、高速度的商业发展模式。然而，开放式知识产权管理模式的出现则可以适应开放包容的商业发展模式，促进企业的健康可持续发展。在经过不断发展与完善后，开放式知识产权管理呈现以下几个特点。

（一）系统性

在传统的知识产权管理模式下，知识产权开发、知识产权保护、知识产权运营均在企业内部进行，组织边界明晰，管理范围狭隘，难以体现知识产权创新的广泛性和知识产权管理的系统性。而开放式知识产权管理则充分利用内部创新与外部获取、内部应用与外部应用之间的关系，在企业内部各组织、各成员之间协调配合、相互合作的同时，与企业外部积极进行知识交换、转移与扩散，形成知识产权开发、知识产权保护、知识产权运营及知识产权协同良好运行的开放式知识产权管理系统。

(二) 开放性

开放性是企业开放式知识产权管理实现可持续协调发展的必要条件。开放式知识产权管理跨越组织边界进行内部与外部资源、知识的相互融合与交换，产权在组织边界外部快速流动，高效率地利用乃至商业化，知识产权管理的价值也逐渐得以体现（张永成和郝冬冬，2016）。

(三) 合作性

企业开放式知识产权管理需要企业内部和外部的各组织、各成员之间的通力合作，才能维持基于知识产权的竞争优势。摒弃合作的企业知识产权管理则会退回传统知识产权管理模式，故步自封，创新意识、创新资源难以流通，企业创新能力难以提升，以致难以维持企业的竞争优势。因此，开放性是企业开放式知识产权管理的必然要求。

(四) 共享性

共享性是开放式知识产权管理的又一个必然要求，是开放式知识产权管理模式产生的一个重要推动力。陆小成等指出，在激烈的市场竞争环境背景下，企业为迅速抓住发展机遇而进行资源和知识的整合与共享（陆小成和罗新星，2009）。

第二章 高技术企业创新管理概论

第一节 高技术企业创新概述

一、高技术企业的内涵及特征

20世纪70年代"高技术（high technology）"一词出现在美国，从此开始了高速发展的进程。高技术企业在通常情况下是指掌握高水平核心技术，以此作为核心竞争力形成成果的企业的集合（李婉红和刘芳，2019）。由于高技术企业展现出的迅猛发展势头，世界各国对高技术企业从各个方面给予了大量扶持。伴随着学术界对高技术企业研究的热度日趋增加，涌现出许多关于高技术企业管理、技术创新管理、创新绩效评价的成果。但是，由于高技术企业在发展水平与发展基础上存在显著国别差异，特别是产业结构等前导因素影响，尚未产生一个适用于所有国家的普适性高技术企业的概念。美国商务部将"研究与开发（research and development，R&D）支出占产品销售额10%以上""科学家、工程师、技术员工占总员工比10%以上"两个指标作为划分高技术企业的标准。欧盟则从经济增长率、国际竞争力、就业潜力、研发投入四个方面入手，规定发展水平高于所有企业平均水平的企业才能够被认定为高技术企业。加拿大采取的标准类似美国标准，通过研发强度和人才强度两项指标对高技术企业进行确认（杨剑钊，2020）。

在我国，高新技术企业是指在《国家重点支持的高新技术领域》内，持续进行研究开发与技术成果转化，形成企业核心自主知识产权，并以此为基础开展经营活动，在中国境内（不包括港、澳、台地区）注册一年以上的居民企业。它是知识密集、技术密集的经济实体。高技术产业的界定通常立足于综合科学研究基础之上，以创新开发的技术及专利处于科技发展前沿，或可填补本国或者区域技术空白的高技术产品及企业的分类来实现对高技术产业的认定。对于高技术企业的认定我国目前一共经历了四个阶段（毕红毅和时英，2013），如表2-1所示。

表2-1 我国高技术企业认定历史沿革

阶段	时间段	代表文件	主要认定标准
第一阶段	1991~2000年	《国务院关于批准国家高新技术产业开发区和有关政策的通知》和《国家高新技术产业开发区外高新技术企业认定条件和办法》	将研究开发费用超过企业总收入的3%以上的企业认定为高新技术企业
第二阶段	2000~2008年	《关于印发〈国家高新技术产业开发区高新技术企业认定条件和办法〉的通知》	将研发投入超过当年总销售额的5%企业认定为高新技术企业
第三阶段	2008~2016年	《关于印发〈高新技术企业认定管理办法〉的通知》和《关于印发〈高新技术企业认定管理工作指引〉的通知》	将电子信息技术、生物与新医药技术、航空航天技术、新材料技术、高技术服务业、新能源及节能技术、资源与环境技术和高新技术改造传统产业归类为高新技术产业
第四阶段	从2016年至今	《科技部 财政部 国家税务总局关于修订印发〈高新技术企业认定管理工作指引〉的通知》	注册满一年，核心产品（服务）拥有独立自主知识产权，科技创新职工超过10%，核心产品（服务）销售额占比总收入超过60%

资料来源：毕红毅，时英. 中国跨国公司成长条件和成长路径 [J]. 理论学刊，2013 (12)：49-53.

二、高技术产业创新的内涵及特征

20世纪初，"创新"一词由著名经济学家熊彼特率先提出，其内涵伴随时代发展不断外延（赵放和曾国屏，2014）。依据哲学观点，创新是指人类对物质世界和意识世界再创造的实践过程，是通过意识创新从而实现物质创新的物质再造过程。从实践角度出发，"创新"则是指企业通过重组生产要素、改变生产条件、设计生产体系等打破现有模式从而产生能够获得超过现有利润产品的行为过程（杨武和田雪娇，2018）。创新的方式多种多样，对现有产品的改进、策划完成新的产品、研究新的生产技术、重新策划整理或者更新现有工作流程与管理方式方法都属于典型创新行为。熊彼特曾借用生物理论中遗传突变来比拟创新,认为创新是一种通过内部不断变革、破坏旧的结构来引起整体变化的过程,并称之为"创造性的破坏"(王宗军和杨萍,2008)。在世界范围内,科技创新带来的技术革命和产业变革席卷全球,产业革命周期大大缩短(梅亮等,2014)。以计算机发展为例,从诞生至今半个多世纪就已经历过三次巨大飞跃,目前发展的第四代具有大集成电路和微型化的代表特征,完全颠覆了全球信息传递模式,改变了人类生产生活方式,使得全球知识、技术创新踏上快车道。当下科技创新力量仍在不断积蓄之中,例如通信技术从4G跨入了5G时代,未来世界科技和世界经济的发展形态也必将再次被改写。

从理论上讲,高技术创新可以从国家层面的宏观角度和企业层面的微观角度来进行分类。宏观层次的高技术创新通常用来体现国家产业结构转型升级的能力;微观层次的高技术创新通常体现在企业研发新技术、新产品或者新服务的开发能力(弗里曼,2004)。就企业层面而言,高技术创新是以技术的研发为开端,遍历技术创新、技术扩散,直至产生创新成果并进行市场化运作的过程。

结合高技术企业的特点及发展现状,可以归纳出高技术企业的特征,如表2-2所示。

表2-2　　　　　　　　　高技术企业的特征

特征	具体表现
高投入、高产出	高技术企业技术创新研发费用需要大量资金投入,同时需要高精尖设备作为研发保障,因此体现出高投入的特点;同时高技术企业一旦创新成功,取得技术创新突破,则会带来几十倍至几百倍的效益回报,具备高产出的特点。
高风险、高竞争	统计数据标明通常只有百分之六十的研究能够取得成果,而成果转化成功进入市场的只占百分之三十,进入市场能后盈利的又只占百分之十左右,可见高技术企业技术创新面临比较大的风险。要面临来自企业内部和企业外部多重的竞争,一旦不能够掌握最新的创新成果、跟上技术变革潮流,即会面临竞争失败的境况。
高集聚、高密度	高技术企业对技术创新的需求会引起大量人才的聚集,有资料表明通常情况下高技术企业科研人员占比是传统企业的五倍,有极强的集聚效应;高技术企业创新对知识的需求惊人,使得企业内部掌握大量的专利成果,体现出知识高密度特性。
高辐射、高带动	相比较传统企业而言,高技术企业对临近企业和上下游企业具有非常强的辐射性,高技术企业的创新成果在经济社会中的扩散性和渗透性都很高;高技术企业形成技术突破后,甚至会引起各行各业创新管理方式进步,直至引发社会发展变革。

资料来源:弗里曼. 工业创新经济学 [M]. 北京:北京大学出版社,2004.

第二节 高技术企业创新现状分析

一、高技术企业创新投入现状分析

高技术企业创新活动的开展需要大量密集的技术知识支持,这需要具备高知识水平的研发人员的投入和研发经费的投入。本研究将从人员投入和经费投入两个维度分析我国高技术企业创新投入现状。

(一)高技术产业创新人员投入

高技术企业的发展与知识技术的强力支持密不可分,良好的资源配置和投入是创新活动开展的前提。知识型员工是知识的承载者,承担着知识转化的重任,因此,创新研发人员投入是衡量高技术企业创新投入的重要指标。创新研发人员投入通常采用研发人员全时当量进行表征,2009~2018 年高技术产业研发人员全时当量见图 2-1。

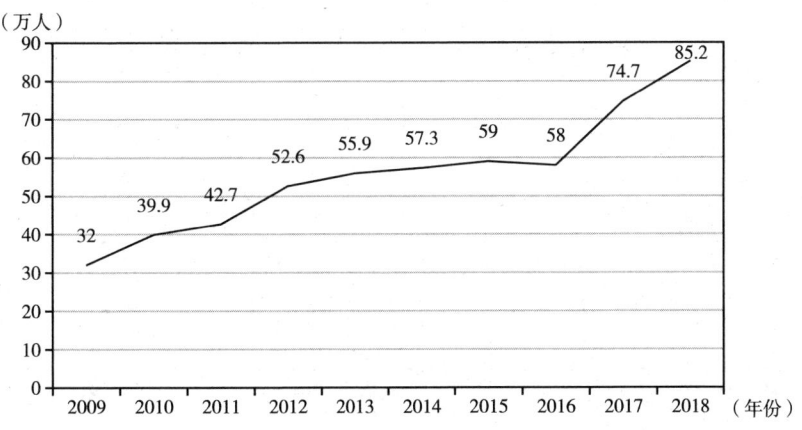

图 2-1 2009~2018 年 R&D 人员全时当量

资料来源:《中国高技术产业统计年鉴 2019》。

由图 2-1 所示,我国高技术企业研发人员投入总量整体呈明显上升趋势。但是研发人员地域间和不同类型企业间的分布则呈现明显不均的态势,2018 年高技术产业按照不同企业类别和地区分类,企业个数及从业人员情况如表 2-3 所示。

表2-3　　2018年中国高技术产业企业人员从业数量

地区	高技术企业个数				平均从业人员（万人）			
	内资企业	外商投资企业	国有企业	港澳台企业	内资企业	外商投资企业	国有企业	港澳台企业
全国	26886	3754	102	2933	767.99	277.45	9.77	272.22
东部地区	16300	3292	36	2555	463.49	243.12	3.31	201.71
中部地区	6079	181	32	189	168.43	10.96	3.44	49.45
西部地区	3674	198	29	147	114.65	17.38	2.68	19.7
东北地区	833	83	5	42	21.42	5.99	0.33	1.36

注：该年鉴中，国有企业作为单列项列出。下同。

资料来源：国家统计局社会科技和文化产业统计司：《中国高技术产业统计年鉴2019》，中国统计出版社2020年版。

其中有R&D研发机构的企业数量和R&D机构人员数量如表2-4所示。

表2-4　　2018年中国高技术产业企业研发人员投入数量

地区	有R&D活动高技术企业个数				R&D机构人员（万人）			
	内资企业	外商投资企业	国有企业	港澳台企业	内资企业	外商投资企业	国有企业	港澳台企业
全国	14207	1607	52	1434	84.68	14.29	0.99	15.67
东部地区	9170	1418	21	1257	58.09	12.77	0.31	12.89
中部地区	3010	88	7	99	14.46	0.66	0.23	2.1
西部地区	1653	79	21	53	10.28	0.61	0.39	0.54
东北地区	374	22	3	25	1.85	0.25	0.04	0.15

资料来源：国家统计局社会科技和文化产业统计司：《中国高技术产业统计年鉴2019》，中国统计出版社2020年版。

根据表2-3和表2-4可以得到2018年我国高技术产业企业研发人员投入比例，如表2-5所示。

通过表2-3可以比较直观地看出我国高技术产业中不同地域的内资高技术企业、国有高技术企业、外商投资高技术企业和港澳台投资高技术企业的基本情况：我国高技术企业以内资企业为主，企业个数和从业人员占绝对优势，高技术企业多数集中在东部地区，地域分布显现出不均衡态势。

表2-5　　2018年中国高技术产业企业研发人员投入比例　　单位:%

地区	有R&D活动高技术企业个数占比				R&D人员占比			
	内资企业	外商投资企业	国有企业	港澳台企业	内资企业	外商投资企业	国有企业	港澳台企业
全国	52.84	42.81	50.98	48.89	11.03	5.15	10.13	5.76
东部地区	56.26	43.07	58.33	49.20	12.53	5.25	9.37	6.39
中部地区	49.51	48.62	21.88	52.38	8.59	6.02	6.69	4.25
西部地区	44.99	39.90	77.78	36.05	8.97	3.51	14.55	2.74
东北地区	44.90	26.51	60.00	59.52	8.64	4.17	12.12	11.03

资料来源：国家统计局社会科技和文化产业统计司：《中国高技术产业统计年鉴2019》，中国统计出版社2020年版。

在高技术产业内部，内资高技术企业数量和从业人员分别占企业数和从业人员总数的79.8%和57.9%。外商投资高技术企业数量占比11.15%，港澳台投资高技术企业数量占比8.71%，这两者数量上比较接近，但是在从业人员数上，外资高技术企业则要略多于港澳台高技术企业。国有高技术企业整体中占比最少。

从地域分布来看，外商投资高技术企业和港澳台投资高技术企业分布多集中在东部。内资高技术企业的数量分布也以东部为主，占比60.63%，但是中部和西部也都分别占比22.61%和13.67%。而在东北地区，外商投资高技术企业、港澳台投资高技术企业和内资高技术企业的数量占企业总量只有2.21%、1.43%和3.10%，与东部形成巨大反差。这应该与投资环境有很大关系，东部地区经济更为发达，获取资本和前沿科技成本更低。国有高技术企业在分布上与外商投资高技术企业迥异，国有高技术企业在西部地区、中部地区以及东部地区的数量相当，这应与国家战略发展布局相关。

表2-4体现出地域间内资高技术企业、国有高技术企业、外商投资高技术企业和港澳台投资高技术企业研发活动特征。在高技术企业研发活动中，外商投资高技术企业和港澳台投资高技术企业研发活动高度集中，内资高技术企业研发人员投入显现出强势态势。

从整体数量来看，设立研究机构的企业中，国有高技术企业数量最少，仅占比0.30%，内资高技术企业仍旧最多，在设立研究机构的高技术企业中占比达到 82.12%，看似与企业数量分布类似。但是在从事研发活动的人员分布中，内资高技术企业研发投入人员占比达到 73.13%。这说明内资高技术企业内部对研发活动的人员投入明显高于外商投资高技术企业和港澳台投资高技术企业。

从地域分布来看，外商投资高技术企业和港澳台投资高技术企业主要研发机构都集中在东部，都在 85% 以上，均高于企业数量在东部的占比，说明东部地区是外商投资高技术企业和港澳台投资高技术企业研发活动的重点和中心，其他地区承担研发任务的企业数量较少，并非创新活动主战场。国有高技术企业体现出不同特征，在西部和东部设立研究机构的国有高技术企业数量最多，可以明显感觉到国有高技术企业承担着西部开发战略任务，并担负着不发达地区创新活动领军者的角色。

表 2-5 则进一步体现出内资高技术企业、国有高技术企业、外商投资高技术企业和港澳台投资高技术企业内部创新活动和研发人员投入强度的情况。内资高技术企业和国有企业对创新活动重视程度较高；外商投资高技术企业和港澳台投资高技术企业研发重心不在国内。

从各类高技术企业研发人员的投入强度看：内资高技术企业数量众多且研究机构占比也最高，高达 52.84%，研发人员的投入占从业人员的 11.03%。这说明内资高技术企业相较于其他企业的创新意识更强。

外商投资高技术企业和港澳台投资高技术企业中开展研发活动的企业数量相对较少，分别为 42.81% 和 48.89%，研发人员占比从业人员的数量也仅仅只有 5.15% 和 5.76%。但是与企业分布不同，在全国各个地区的外商投资高技术企业和港澳台投资高技术企业都有研发活动，由此可见并非是外商投资高技术企业和港澳台投资高技术企业不重视开展企业创新，而很可能是外商投资高技术企业和港澳台投资高技术企业的研发中心主要分布在海外。国内还没有成为研发重点地区，而主要是新产品销售地区。这需要高技术产业政策进一步的布局和引导，吸引外商投资高技术企业和港澳台投资高技术企业在国内建立研发中心，开展创新活动，通过知识溢出效应引进吸收国际顶尖人才和前沿技术。

国有高技术企业体现出对创新人员投入十分重视，一半左右的国有高技术企业都有研发机构，研发人员投入也很高，达到 10.13%，约为外商投资高技术企业和港澳台投资高技术企业的一倍。在地域上，西部、东部和东北部都对研发比较重视，可见国有高技术企业对国家产业政策的执行比较到位。

(二) 高技术企业资金投入

大量资本密集投入是高技术企业另一特点，除去大量知识技术人员的投入，产业提效升级和创新水平提高也受到资金投入数量的直接影响。图2-2直接显示了2009~2018年我国高技术企业整体研发经费和新产品开发投入的情况。

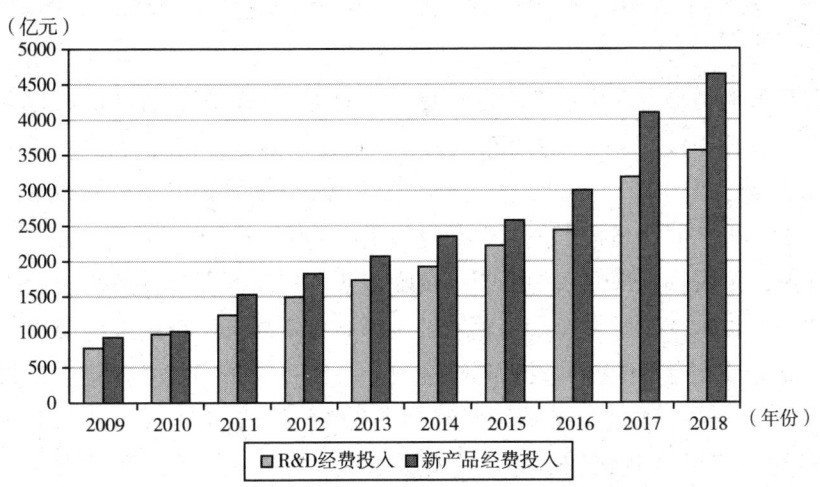

图2-2 高技术产业研发经费投入情况

资料来源：国家统计局社会科技和文化产业统计司：《中国高技术产业统计年鉴2019》，中国统计出版社2020年版。

从图2-2中可以看出，近十年我国高技术产业整体研发投入强度不断增大，与2009年相比，2018年整个高技术产业R&D经费增加到4.6倍，新产品开发经费增加到5.01倍。但是与高技术产业研发人员投入相类似，高技术产业研发资金投入在地域和企业类别间的差异也很明显。表2-6列出了2018年不同地域间我国高技术产业中内资高技术企业、国有高技术企业、外商投资高技术企业和港澳台投资高技术企业内部R&D经费支出。

从企业类型来看，内资高技术企业占据我国高技术产业研发经费主体地位，其研发经费内部支出占总体研发经费内部支出的74.97%，与内资高技术企业在所有类型企业中占比相当，可见自主创新投入力度较大。且内资高科技企业的研发内部经费支出在东部地区、中部地区、西部地区、东

表2-6　　　　2018年中国高技术产业研发经费支出情况　　　　单位：亿元

地区	内资企业经费内部支出	外商投资企业经费内部支出	国有企业经费内部支出	港澳台企业经费内部支出
全国	2685.67	422.42	23.24	451.02
东部地区	1918.35	368.35	5.16	384.08
中部地区	422.71	16.07	7.26	47.2
西部地区	302.32	27.37	9.84	15.73
东北地区	42.29	10.64	0.98	4

资料来源：国家统计局社会科技和文化产业统计司：《中国高技术产业统计年鉴2019》，中国统计出版社2020年版。

北地区所有类型企业中占据主导位置。由此可见，我国高技术产业自主创新已具备相当规模。外商投资高技术企业和港澳台投资高技术企业内部R&D经费支出相当，占据百分之十左右的规模，而且依旧主要专注于东部地区的投入。国有高技术企业经费内部支出整体占比较少。

从地域看，东部仍旧是内资高技术企业、外商投资高技术企业和港澳台投资高技术企业研发投入热点地区。外商投资高技术企业和港澳台投资高技术企业在东部的研发投入都超过85%，外商投资高技术企业更是高达87.20%。国有高技术企业研发经费内部支出在西部地区最多，占到总投入的42.34%、中部地区和东部地区的研发投入是25%左右。相对而言，国有高技术企业比较关注在不发达地区开展创新研发活动，国有高技术企业体现出平衡地区经济发展的特性。东北地区无论是高技术企业数量、从业人员、高技术企业R&D人员和资金投入都属于贫瘠地区，高技术企业整体创新投入不足已成为普遍现象。

二、高技术企业创新产出现状分析

高技术企业的创新能力体现在进行创新投入之后创新成果的产出数量和质量，通过两者结合对高技术企业创新效率进行评价。创新成果的产出对于构建创新型国家更具有指标性意义，体现出国家创新水平的高低。高技术企业创新能力主要是通过创新产品成果和创新知识成果两个方面进行衡量。创新产品成果主要通过新产品收入来体现，创新知识成果主要通过知识产权数量来体现。图2-3主要体现近十年我国高技术产业营销总收入和新产品收入的情况。

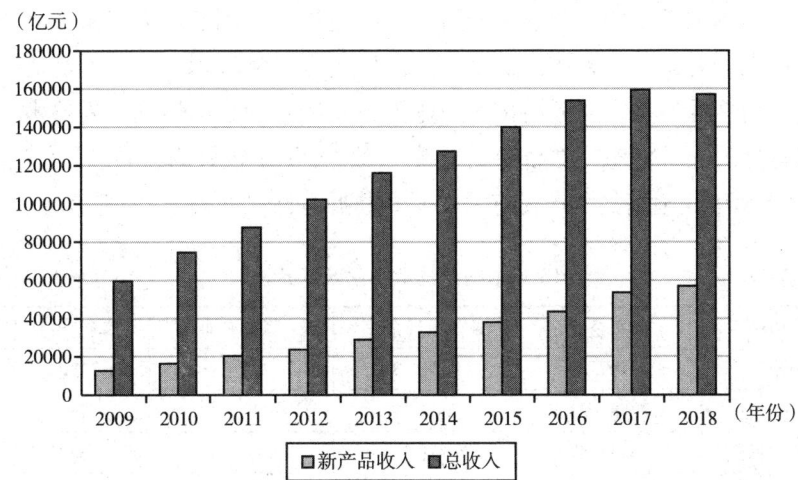

图 2-3　2009~2018 年我国高技术产业创新产品产出

资料来源：国家统计局社会科技和文化产业统计司：《中国高技术产业统计年鉴 2019》，中国统计出版社 2020 年版。

我国高技术产业的创新知识成果（申请专利的数量以及产业利润）情况如图 2-4 所示。

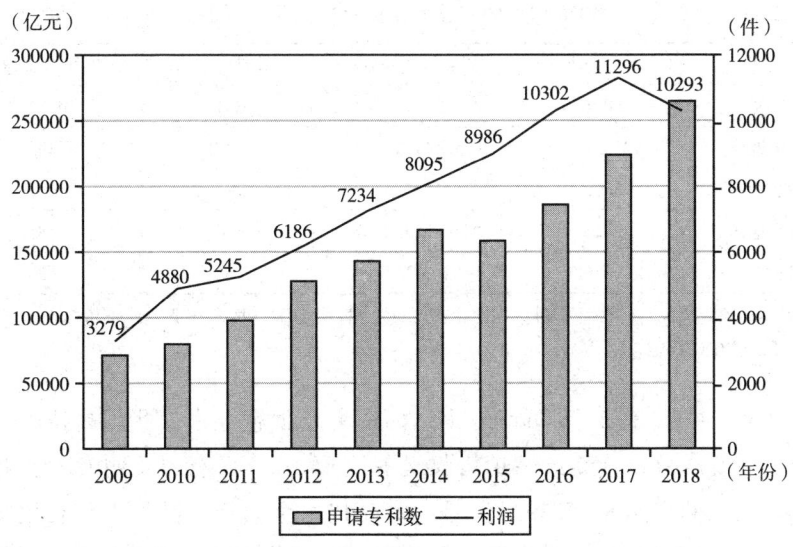

图 2-4　2009~2018 年我国高技术产业创新知识成果产出

资料来源：国家统计局社会科技和文化产业统计司：《中国高技术产业统计年鉴 2019》，中国统计出版社 2020 年版。

可以看到近十年，随着我国高技术产业规模的不断增大，新产品销售收入屡创新高，同时新产品的收入所占比重也逐年增加，创新产品成果产出显示出良性态势。伴随高技术产业内部申请专利数的增加，高技术产业利润也处于上升状态，创新知识成果产出也显示出较好的态势。

2018年我国高技术产业有效发明专利拥有情况如表2-7所示。

表2-7　　　　　2018年中国高技术产业新产品收入　　　　单位：亿元

地区	内资企业	外商投资企业	国有企业	港澳台企业
全国	36409.21	8684.23	207.61	11800.72
东部地区	27586.24	7608.17	73.9	7933.66
中部地区	5238.59	308.32	80.93	3743.22
西部地区	2945.88	691.0	40.81	101.79
东北地区	638.5	76.73	11.98	22.05

资料来源：国家统计局社会科技和文化产业统计司：《中国高技术产业统计年鉴2019》，中国统计出版社2020年版。

2018年我国高技术企业有效发明专利拥有情况如表2-8所示。

表2-8　　　　　2018年中国高技术企业有效发明专利数　　　　单位：件

地区	内资企业	外商投资企业	国有企业	港澳台企业
全国	348416	36489	2231	40232
东部地区	279262	33595	948	37233
中部地区	35027	1171	291	1152
西部地区	28259	1100	924	1182
东北地区	5868	623	68	665

资料来源：国家统计局社会科技和文化产业统计司：《中国高技术产业统计年鉴2019》，中国统计出版社2020年版。

从表2-7、表2-8可以看出，内资高技术企业占据我国高技术产业产出的主要成分，其新产品销售收入占比63.76%、有效发明专利拥有数占总数的比例高达81.53%。但是内资高技术企业新产品收入和有效发明专利拥有数与企业数量、从业人员和研究机构人员投入相比，所占百分比对比偏低，说明内资高技术企业占据了大量资源但是创新转化能力不足，创新效率亟待提高。相对而言，港澳台投资高技术企业与外商投资高技术企业的新产品销售收入各占全国的18%左右，相比于研发投入12%左右的占比，外商投资高技术企业和港澳台投资高技术企业的创新转化能力强，创新效率高于内资高技术企业。同时，外商投资高技术企业和港澳台投资高技术企业有效发明专利拥有数均在9%左右，这类似于研发人员投入占比情况，作为跨境企业的外商投资高技术企业和港澳台投资高技术企业，研发主体还是在母公司；但是也应看到，外商投资高技术企业和港澳台投资高技术企业在我国高技术产业市场内具有很强的竞争实力，并且已经逐渐加大了在中国本土的创新力度。伴随我国高技术市场的进一步开放，会有更多高技术企业进入中国，会使得我国高技术企业市场竞争更加激烈。

第三章　国内外知识产权管理及创新管理研究述评

第一节　国外研究动态

一、知识产权管理相关研究

国外高技术企业发展较早，知识产权的研究理论与实践都较深刻和具体。学者的相关研究主要集中在以下几方面。

（一）高技术企业知识产权开发的研究

扎伊等（Zaied et al.，2012）将知识产权管理与政府政策进行融合研究，认为构成知识产权管理能力的各要素与政府组织效用之间存在显著相关性。埃平格和弗拉多瓦（Eppinger and Vladova，2013）以中小型医药企业为研究对象，讨论知识产权与组织结构之间的关系，发现中小企业的规模和业务环境中的市场动态决定企业是否需要知识产权开发战略和管理实践。那戈维和斯特罗齐（Naghavi and Strozzi，2015）以新兴国家和发展中国家为研究对象，通过研究国际移民与知识产权创新间的关系，发现移民提供了知识产权保护所需的知识来源，从而刺激发展中国家的国内创新。比利希（Bielig，2015）以德国为研究对象，分析了德国知识产权的发展与经济发展的关系，发现专利、商标、设计推动着GDP的发展，而实用新型知识产权对GDP产生消极影响。研究同时表明知识产权的经济影响也反映了德国经济及其创新体系的结构。霍尔格森等（Holgersson，2017）研究分析了知识产权管理战略和创新生态系统的共同演变，探讨动态和系统创新背景下的知识产权战略、拨款和开放创新的关系，发现在创新生态系统的分析和管理中既要包括合作者和竞争者，也要包括补充者和替代者。同时，研究还表明企业可以利用知识产权战略来塑造弱或强的适用性制度，以便从各种形式的开放和封闭创新中获益。

（二）高技术企业知识产权保护的研究

赫茨菲尔德等（Hertzfeld et al.，2006）研究了知识产权保护制度在合作关系中的有效性，认为合作研发的效率在很大程度上受到企业保护其知识产权能力的影响，同时在创新驱动的背景下，专利已成为加强伙伴关系和影响合作谈判方向的重要筹码。利希泰勒（Lichtenthaler，2009）从技术策略、专利组合策略和技术多样化三方面探讨了小中大三种类型的高技术企业专利应采取的不同保护方式。奥瑟和艾克斯（Autio and Acs，2010）运用多层回归模型，探讨在国家知识产权保护制度的背景下，个人人力资本和金融资本与企业家成本愿望的关系，研究结果表明，知识产权保护制度对个体受教育程度与创业成长愿望之间的关系有负向调节作用，而对个人家庭收入和成长愿望之间的关系有积极的调节作用。因此，知识产权保护制度激励了企业家的专业化。有学者以"番茄花园"为例，探讨了信息技术行业知识产权的保护问题，并结合网络本体语言（Web Ontology Language，OWL）的研究思路提出了主体在网络行为中的侵权行为及相应的知识产权保护措施（Zhang et al.，2012）。考塞斯和德巴塞瑟（Kausik and Debasis，2012）运用内生增长模型研究加强知识保护与创新的关系，结果表明强有力的知识产权保护可能阻碍创新。库尔赛斯和卡西（Kurfess and Cass，2014）认为随着3D打印的普遍运用对传统的知识产权保护构成巨大挑战（如扫描和复制的合法性），因此完善有关假冒零部件或产品的法律体系是现代知识产权保护制度的发展方向。曼齐尼和拉扎罗齐（Manzini and Lazzarotti，2016）以意大利的新产品开发服务企业为研究对象，探讨了在新产品开发的不同阶段，企业如何才能在合作中保护创意、技术和知识等资源。研究结果表明，在新产品开发的初期，保护很难实现，单一的知识产权保护机制均无法确保完全保护；在新产品的开发阶段，知识产权保护会变得更容易，可以使用强有力的法律机制。布朗等（Brown et al.，2017）研究发现，知识产权保护水平较高的国家其高技术产业的研发投入水平相对更高。布兰德尔等（Brandl et al.，2019）分析了发达国家跨国企业对全球知识产权保护标准规制采用的影响，认为国际协议和制度影响着发展中国家的创新，发达跨国企业参与发展中国家的创新体系，会导致更严格的TRIPS的采用和向先进国家知识产权保护标准的趋同。有学者构建了内部发明人合作网络对技术多样化影响的研究模型，并引入知识产权保护作为调节变量，实证结果表明，发明人网络的位置差异对技术的多样化有不同的影响，同时知识产权保护大大削弱了发明人合作网络中间位置对技术多元化的激励作用（Li et al.，2020）。

（三）高技术企业知识产权运营和管理的研究

达扎纳（Daizadeh，2007）认为随着创新速度的增加，潜在商业可行技术的发现迫使许多人更深入地思考专利战略在商业模式中的重要性。有学者提出由创新和知识产权引擎组成的符合中国知识产权管理和战略发展现状的理论框架，这两个引擎与技术管理密切相关（Guo et al.，2008）。茨奥和古尔（Tseng and Goo，2010）认为企业应明确自身的知识产权具体保护机制和运营安排，并从企业竞争策略视角制定其知识产权管理战略。有学者认为专利数据库在为技术管理提供有价值信息的同时使专利之间的关系更为复杂，并需要耗费大量的人力进行相关分析，进而开发了一个基于语义的知识产权管理系统以支持技术创新的自动化管理（Wang and Cheung，2011）。有学者通过对北京中关村科技园区本地企业进行考察，研究知识产权管理实践对小企业专利倾向的影响，指出企业在不重新调整其知识产权战略的情况下也可以通过引入完善的管理体系加快其知识产权开发进程（Li and Ni，2012）。米宁和法埃姆斯（Minin and Faems，2013）对公司如何计划与执行新方法来管理知识产权资产进行了研究，并提出在各种环境下实施基于IP商业模式的知识产权策略。阿皮奥等（Appio et al.，2014）从管理和战略的角度客观地探讨了知识产权研究领域的基本结构，确定了专利制度经济学、技术与制度能力、大学专利行为、知识产权开发和劳动分工五个主要集群，并提出未来可能的发展方向。贡斯和乔森（Guns and Joossens，2016）认为应给予知识产权发明者强有力的激励，划拨更多的资金来支持年轻发明家的职业发展，进而促进知识产权管理和创业精神的发展。萨利茨卡亚和亚历山德罗夫纳（Salitskaya and Aleksandrovna，2017）讨论了俄罗斯各地区大学开展知识产权项目的主要途径，强调将智力活动的成果商业化，分析了欧洲个别大学在知识产权管理方面的经验与国家政策。加盖特和莫玛雅（Gargate and Momaya，2018）指出发展中国家的组织应重点关注如何缩小知识产权的产生与商业化之间的差距，提出能够帮助IP技术管理人员实现自行开发的IPM模型，并对现有的IPM进行评估，促进了组织知识产权的战略商业化。

（四）高技术企业知识产权开发、保护、运营等环节的定量研究

吉姆等（Kim et al.，2012）探讨了专利和实用新型在创新和经济增长中的作用，通过对70个国家的面板数据进行分析，认为专利保护是创新的重要决定因素，对发达国家的经济增长有巨大贡献，而实用新型则对发展中国家的创新绩效有促进作用。德尔加多等（Delgado et al.，2013）通过比较158个世界贸易组织成员1993~2009年的数据，分析发展中国家实施知识产权制度对知识密集型商品贸易的影响，发现知识密集型商品的贸易在TRIPS实施后有所增长。哈格多恩和佐贝尔（Hagedoorn and Zobel，2015）使用最小二乘法研究合同和知识产权在开放式创新中的作用，认为积极参与开放式创新的企业更倾向于使用正式合同来治理和其他公司的开放式创新关系，认为知识产权保护与创新能力高度正相关。此外，企业的开放程度、企业的正式法律态度以及企业产品市场环境的动态变化与企业对知识产权的偏好有关。李伟（Li，2017）采用回归分析方法，探讨政府研发补贴、企业研发投入与知识产权保护之间的关系，研究表明，政府研发补贴对企业研发投入具有杠杆作用，加强知识产权保护不仅可以吸收投资，还可以促进企业的研发投入。研究结果还表明，在全球经济化的背景下，建立健全的知识产权保护制度是企业创新发展的关键驱动力。刘振远等（Liu et al.，2018）通过收集2013~2015年80家先进制造业中小企业的面板数据，分析知识产权保护、技术创新与企业价值的关系，研究结果表明知识产权保护与技术创新、企业价值之间呈倒"U"型相关关系。苏荣和恩多（So Young and Eungdo，2018）以韩国信息通信产业为研究对象，分析合作网络战略和知识产权管理能力的关系，运用多元回归模型对行业内300家企业的数据进行分析，实证结果表明知识产权管理能力对企业的技术创新有重要影响，但具体的知识产权管理实践会导致创新结果的不同。

（五）开放式知识产权管理研究

帕尔弗雷（Palfrey，2012）认为，在全球信息化的大背景下，企业应特别重视开放性的知识产权管理而不是独占性。冈戈帕德耶和蒙道（Gangopadhyay and Mondal，2012）运用内生增长模型分析知识产权保护与创新的关系，实证结果表明，知识产权保护可能影响知识信息的自由流

动，过度的知识产权保护可能对创新有负向影响。哈利申和考恩（Harison and Cowan, 2014）以软件行业为研究对象，探究开放式知识产权与企业技术创新活动和利润的关系，发现相比绝对独占的知识产权，一定程度的知识产权开放可使软件发行者和软件解决方案提供者的成本下降。综合上述分析可知，基于合作信任建立的开放式知识产权管理是现代企业应采取的战略。特别是对于高技术产业来说，开放式知识产权管理对创新有积极的正向作用。王卫东等（Wang et al., 2015）基于2000～2012年的面板数据，定量分析了知识产权保护与中国高技术产业创新的关系，结果表明，我国知识产权保护力度逐年增加，对我国高技术产业的知识创新有正向影响。刘星和江水泉（Liu and Jiang, 2016）在考察银行股权关联与知识产权保护对企业创新行为的影响中，发现银行股权关系与知识产权保护在促进企业创新方面具有互补性。

二、创新管理相关研究

（一）企业层面创新管理的研究

道森（Dodgson, 1990）选取欧洲部分小企业作为研究对象，探寻欧洲中小企业技术创新的发展战略。研究结果显示欧洲中小企业的技术领先得益于其采取的技术创新战略具有高度一致性，高度依赖企业外部创新资源的推动。维格勒斯和卡西曼（Veugelers and Cassiman, 1999）在研究比利时制造业企业技术创新战略时发现，当企业自身具备技术研发能力时，往往会选择依靠内部创新源进行自主研发；而当企业自身研发能力薄弱时，往往只能依赖外部创新源。迈克尔和摩尔（Michael and Mol, 2005）以荷兰制造业企业为研究对象，认为企业的技术创新战略是随时间变化的动态过程，企业最初选取依靠内部资源进行研发，然而，随着时间的推移将逐渐转变为以外部资源为主的研发。同时，实证研究结果还表明企业的研发投入强度与技术引进的规模显著正相关。博施玛和特沃尔（Boschma and Ter Wal, 2007）以意大利南部的鞋类企业为研究主体，分析知识网络对企业创新绩效的影响，研究发现，无论企业嵌入本地创新网络还是外部创新网络都会显著提高企业的创新绩效。高克坦和迈尔斯（Goktan and Miles, 2012）采用分层回归分析法实证分析了高科技企业内部的产品创新行为，实证结果表明，激进产品和激进过程创新与创新速度显著正相关。有学者认为，政府补助对中国高新技术企业的创新有负向影响，而私人研发资金和其他基金对创新有积极的促进作用（Hong et al.，2016）。

（二）产业层面创新管理的研究

特里普特杰克（Triplett，1996）运用投入-产出模型定量分析了高技术产业的创新效率。凯瑟琳和莫里森（Catherine and Morrison，1997）引入管理学领域关于绩效的测量方法，分析了美国制造业的技术设备生产率及经营绩效。罗马尼亚和阿尔巴拉德霍（Romijn and Albaladejo，2002）使用多元回归分析并运用 Granger 因果关系衡量了高技术产业的创新效率。刘和巴克（Liu and Buck，2007）采用回归分析法测量了国际溢出效应对高技术产业技术创新的影响程度。

（三）区域层面创新管理的研究

迈克尔和弗里奇（Michael and Fritsch，2003）以欧洲区域创新系统为研究对象，发现各区域创新系统的创新效率存在较大的差异，各区域的创新质量也呈现出不同的特点。纳西洛夫斯基和阿塞卢斯（Nasierowski and Arcelus，2003）使用二阶段 DEA 模型测量全球 45 个国家的技术创新效率，结果表明，技术创新规模的大小和资源配置的合理程度是影响技术创新的关键因素。李学沆等（Lee et al.，2009）测算并比较了亚洲各国的技术创新效率发现，新加坡的技术创新效率位居第一，日本的专利创新效率占据优势，中国及其他国家均未达到前沿水平。陈夏飞等（Chen et al.，2018）从创新价值链视角研究了高新技术企业研发与商业化效率的关系。实证结果显示，高技术企业在区域间存在显著差异；在效率方面，研发投入的子过程与商业化子过程相关性不显著。

第二节 国内研究动态

一、知识产权管理相关研究

中国在加入 WIPO 以后开启了对知识产权研究的热潮，学者们主要从纠纷和贸易争端两方面入手。随着科技的进步和高技术企业的发展，越来越多的学者将开展知识产权战略视为研究热点。

(一) 法律法规视角对知识产权的研究

知识产权源于法律概念，中国知识产权法律制度自建立至今已有近40年的历史，相关法律规范仍在更正和补充。陈丽（2002）阐述了中国海关知识产权边境保护法律制度的建立，以及与 WTO 知识产权协议边境保护措施的异同，并对中国海关知识产权边境保护制度发展方向进行了展望。萧延高和范晓波（2010）从法律的角度对知识产权的法理情况和国际通则进行了概述，并分专题讨论了知识产权管理的策略，以及对国际贸易中涉及知识产权法律的问题做了理论性的分析。王晓云和唐子艳（2009）从知识产权的价值出发，论述了知识产权滥用的含义、根源与表现，认为应该对知识产权滥用行为进行有效限制，同时在借鉴其他国家的经验及实践的基础上，就中国应如何防止知识产权滥用问题提出了针对性建议。杨红朝（2014）以知识产权服务体系为研究主体，认为完善知识产权服务体系的关键在于发展知识产权服务业。

(二) 知识产权与高技术创新关系的研究

陈美章（1999）研究认为，知识产权制度与技术创新有密切的内在联系，知识产权制度随技术创新的发展周期不断调整自身，同时技术创新的发展又依赖于知识产权制度的激励、保护、引导和加速。吴国平（1999）从专利制度的专有属性出发，认为知识产权专利制度是国际上通行的、利用法律和经济手段推动技术进步的有效手段。郭庆存（1999）也认为在实施知识产权战略时要充分重视专利战略的地位，它能将企业的技术创新能力转化为技术竞争优势。袁明等（2000）指出是高新技术产业的发展离不开专利战略。王伟军（2000）指出，知识产权制度作为国家创新体系建设的重要组成部分，是推动创新的基本动力。陈瑜（2002）也指出，知识产权保护制度对企业技术创新和经济发展具有巨大的推动作用，企业要根据技术创新的不同发展阶段采取不同的知识产权保护方式。冯晓青（2005）从战略视角提出，专利技术的研发应贯穿知识产权生产全程。王闻萍（2008）通过分析知识产权与核心竞争力的相关性发现，企业自主知识产权是形成企业核心竞争力的关键。杨皎平等（2009）通过建立创新型企业和模仿型企业在双寡头市场上的竞争模型，分析知识产权保护对两类企业研发投入和技术创新的影响，结果显示，加强知识保护有助于增加创新型企业的研发投入和技术进步，而对于模仿型企业来说，加强知识产权保护则会使利润下降。张瑾等（2014）实证检验了知识产权制度对垂直专业化的创新效应影响，结果表明，适度的知识产权保护更有利于垂直专业化对技术创新水平的促进作用。何丽敏等（2019）以工业企业为研究对象，采用混合 OLS 回归检验知识产权保护对工业企业创新的影响，研究发现，知识产权保护与工业企业技术研发和技术成果转化有显著正向影响。

（三）企业知识产权保护的相关研究

邹薇（2002）针对中国高技术企业出现的知识产权贸易争端问题，从知识产权创新者和知识产权模仿者的角度系统分析了知识产权创新、贸易及 TRIPS 的经济成本。郑秉秀（2002）从知识产权壁垒、知识产权制度及激励机制等方面，分析了发达国家和欠发达国家施行知识产权保护的效果。周寄中和徐倩云（2002）从专利保护的角度研究了专利保护对企业发展和社会收益的影响。易先忠等（2007）基于拓展的中间产品种类扩张的内生增长模型，分析技术后发国家知识产权保护在鼓励自主创新和模仿国外技术间的均衡时发现，应根据相对技术水平和模仿能力确定适度的知识产权保护强度。许和连和柒江艺（2010）实证检验了外商投资、国际贸易、技术许可等国际化行为与企业知识产权保护关系，实证结果显示，企业参与进出口贸易活动、获得技术许可等均能提高企业知识产权保护的强度。马虎兆等（2010）在天津市高技术企业知识产权现状的基础上，实证检验了天津高技术企业在知识产权开发、知识产权运用、知识产权管理及人才培养等方面的不足。贺贵才和于永达（2011）研究指出，加强知识产权保护对不同技术结构行业的技术创新有不同的影响。周游（2014）运用 VAR 模型实证研究了外商直接投资、知识产权保护和出口产业结构之间的关系，结果表明，加强知识产权保护有利于我国出口产业结构化和外商直接投资的流入。屈军和刘军岭（2018）以中国 2001～2005 年省际面板数据，实证检验技术后发国家知识产权保护政策对技术进步的影响机理，实证结果显示，技术后发国家知识产权保护强度的技术进步效应受技术模仿能力、自主创新能力和相对技术水平的影响，同时，技术进步效应还具有门槛特征，取决于国内外相对技术水平的大小。邢斐和周泰云（2020）研究发现，知识产权保护政策可以通过降低创新动力型市场失灵促进企业技术创新。

（四）企业知识产权战略的研究

徐雨森（2003）认为，知识产权及知识产权战略是影响企业培育核心能力的重要制约因素。宋河发和李大伟（2006）认为，自主创新是获得自主知识产权的重要途径，国家知识产权战略的主线是提升自身的自主创新能力。胡允银和邓艺（2010）研究认为，地区知识产权形象的设计和塑造是地区知识产权战略实施的关键。郭永辉和郭会梅（2010）系统分析了合作创新中的知识产权问题，并针对相关知识产权问题提出有价值的建议。赵嘉茜等（2013）以我国 29 个省份高技术产业为研究对象，分析发现，经济发达程度对各省份的知识产权战略绩效并没有显著的正向或负向影响。冯晓青（2014）认为，技术创新与企业知识产权战略模式之间存在互动关系，企业选取进攻型知识产权战略模式还是防御型知识产权战略模式，取决于企业的发展目标与所处的阶段。刘雪菁等（2019）研究认为，企业创新与知识产权保护的有机结合是推动企业创新发展的关键驱动力。顾淑婷等（2020）从知识产权、知识产权管理和创新型企业特点的视角出发，分析当前知识产权管理中存在的问题，并提出适用于创新型企业知识产权管理的建议。

（五）企业知识产权运营的研究

万小丽（2009）运用"纵向"拉开档次评价法，以专利申请量和专利授权量为数量指标，以专利授权率和职务发明专利比例为质量指标，建立了知识产权专利评价体系，实证检验专利质量指标对知识产权绩效的作用。杨晨和孙旋（2011）首先将区域知识产权战略实施绩效结构划分为过程绩效和结果绩效两个模块，其中，过程绩效包括知识产权创造、运用、保护及管理，结果绩效包括知识产权战略目标完成、区域知识产权事业发展；其次对比分析两个模块的相关性；最后运用 SCP 分析框架建立了区域知识产权战略绩效指标的评价体系。李黎明和刘海波（2014）通过总结国内外典型知识产权运营机构的成功经验，指出领军人才、国际化专业团队和运营模式是知识产权运营成功的关键因素。田家林（2019）认为提高知识产权运营效率是促进专利密集型产业发展的重要举措。

（六）关于知识产权管理绩效研究

国内关于知识产权管理绩效的研究方向主要是构建相关评价指标以及

实证分析管理绩效。唐杰和周勇涛（2009）在借鉴国外主要发达国家知识产权战略指标研究成果的基础上，根据信效度优先原则并结合知识产权活动的特点，运用因子分析、聚类分析和判别分析相结合的方法设计了我国企业知识产权战略实施绩效的评价体系。王肃（2011）结合知识产权战略实施具有多维度性、综合性和模糊性的特点，运用模糊综合评价模型评价知识产权战略实施的绩效，研究结果为相关部门的知识产权管理提供决策依据。李潭和陈伟（2013）利用灰色统计分析方法对影响知识产权管理绩效的因素进行提取评价，计量结果显示，知识产权所能带来的收益大小是影响企业知识产权经营绩效的最重要因素，知识产权战略实施、知识产权贡献率、知识产权授权收益率、知识产权信息管理系统建设和知识产权处罚机制与企业知识产权绩效之间存在双向因果关系。陈俊霖等（2014）在AHP法基础上引入欧几里德距离对专家意见进行遴选，从而判定知识产权管理绩效的能力判定，最终开发一套既可辅助政府机构对企业的知识产权管理能力进行综合量化评价，也可作为企业自身对知识产权管理能力评价的指标体系。康鑫（2016）基于最优组合赋权法建立开放式知识产权管理评价模型，对2014年中国30个省份的高技术产业开放式知识产权管理绩效进行分析。结果表明，开放式知识产权管理绩效是知识产权开发、协同、云供应、保护水平的综合体现，与区域经济水平、科研能力、知识产权市场竞争度等因素显著相关。郭晓凤（2017）通过分析高新技术企业在知识管理中存在的问题以及高新技术企业内部知识产权的管理绩效，认为高新技术企业在内部管理时可以通过绩效管理的方式提高对知识产权的保护性。

二、创新管理相关研究

国内创新管理的相关研究主要围绕创新能力、创新评价以及产业集聚等方面对技术创新的影响。冯志军和陈伟（2014）结合高技术企业研发创新过程的特征，将高技术企业研发创新过程分解为技术开发和经济转化两个连续的子阶段，研究范围加入了"各子阶段的关联关系"和"两子阶段中初始投入结构比例"，构建出基于资源约束两阶段DEA模型，在此基础上进行测算和算法改进，实现了高技术企业研发创新效率测算方法的优化。刘志彪（2015）认为高技术产业发展需要实现要素驱动和投资驱动向创新驱动轨道的转变，嵌入全球创新链可以获取更多的全球智慧和资源，可以解决我国创新动力不足和资源短缺的问题。李海超和李志春（2015）运用系统动力学模型着重探讨了高技术企业原始创新系统的内在因果关系及作用机理，并从横向和纵向两个维度，利用 Topsis 测算方法，对高技术企业原始创新能力进行评价，结合评价结果提出提升我国高技术产业原始创新能力的建议。刘建国（2016）将创新链从研发到市场的过程分为 3 个阶段，以结构创新、工艺创新、市场结构及其影响变量作为技术创新障碍因素，分析了创新过程障碍要素对创新失败的影响。寿柯炎和魏江（2018）从知识架构的视角出发，聚焦于网络层次的合作伙伴配置，构建了以高技术产业特征为情境条件、以知识基宽度和深度为焦点企业特征、以知识异质性和质量为创新网络节点组成特征、以高创新追赶绩效为结果变量的创新网络逻辑模型。何向武和周文泳（2018）构建了高技术企业创新系统协同性分类评价体系，利用聚类分析方法并结合 Lotka-Volterra 模型进行实证测算。曹兴和马慧（2019）分析新兴技术"多核心"创新网络形成机理，研究了新兴技术创新网络知识增长机制，构建了新兴技术"多核心"创新网络双重双向形成模型。

第三节 国内外研究动态评述

从文献梳理可以发现，国内外的学者从法律视角出发对知识产权制度做了比较全面、透彻的研究。以企业为研究对象，研究了知识产权保护、知识产权制度、知识产权制度与技术创新的关系，现存的研究成果为企业实施知识产权管理和知识产权战略提供了理论基础，但相关研究也存在不足之处。而关于技术创新管理的研究则覆盖了技术创新能力、技术创新评价、技术创新机理等多个方面，部分文献也试图跳出常规创新要素，从其他视角出发探讨提升高技术企业技术创新效率的有效路径，如尝试从生物学、自然学视角审视技术创新问题；从区域经济发展水平探究企业技术创新行为等。总结起来，现有针对知识产权管理和技术创新管理的研究还存在以下几方面的不足。

第一，从现有成果来看，大多数关于知识产权和技术创新的研究对象一般是企业，而不同类型的企业具有不同特性，对企业知识产权及创新管理的研究也应该具有针对性。知识经济时代，高技术企业的知识产权的管理工作尤为重要，知识产权工作的提升可能对技术创新能力的培育有至关重要的影响。虽有部分文献探讨高技术企业创新管理问题，然而关于高技术企业知识产权相关研究成果十分有限，因此，对高技术企业知识产权管理系统的研究亟须开展。

第二，在知识产权管理的相关研究中，学者们多聚焦于知识产权管理传统三大领域，即知识产权开发、保护、运营，传统知识产权管理体系有其特定的时代背景和试用范围。但就全球协同合作、共同创新的发展趋势，以往重保护轻合作、重机密轻协同的知识产权管理模式和技术创新模式已无法满足当今企业的发展需求，特别是高技术企业技术研发活动具有高投入、高风险、高产出和回收期长等特征，决定其重大技术开发活动需要多主体共同参与，从而实现创新资源的优化配置。

第三，在技术创新管理相关研究中，国内外学者虽对企业创新效率低的原因进行了分析阐释，也有部分文献认同知识产权管理同创新效率之间存在某种关联，但罕有学者明确指出知识产权管理系统同企业跨越创新的影响路径和作用机理。

基于上述背景，本研究拟通过认知开放式创新理念环境下的知识产权管理特征，以高技术企业这一类典型企业为研究对象，构建高技术企业开放式知识产权管理系统，探究开放式知识产权管理系统整体运行机制及子系统之间的运行机制和耦合原理，通过引入中介变量和调节变量进行实证分析，研究高技术企业开放式知识产权管理绩效同技术创新效率的作用机理，旨在从开放式系统视角丰富知识产权相关理论的理论深度，并拓宽企业创新效率的研究边界。

第二篇
高技术企业开放式知识产权管理系统理论框架

第四章 高技术企业开放式知识产权管理现状及启示

第一节 高技术企业开放式知识产权管理内涵及外延

一、高技术企业的含义及特征

（一）高技术企业的含义

高技术企业的含义并非是一成不变的，而是具有一定的时间和历史属性，同一时期对于高技术企业的界定也不尽相同，一般来说，依托高新技术生存发展的企业称为高技术企业。具体而言，就是依赖前沿科技和较高水平的研发投入，从事具有资金密集、技术密集、知识密集等特征的活动的现代化企业。相较来说，我国对高技术企业的界定较为明确，科技部、财政部、国家税务总局 2008 年 4 月联合颁布的《高新技术企业认定管理办法》规定，在《国家重点支持的高新技术领域》内，持续进行研究开发与技术成果转化，形成企业核心自主知识产权并以此为基础开展经营活动，在中国境内（不包括港、澳、台地区）注册一年以上的居民企业。属于《国家重点支持的高新技术领域》规定范围的有电子信息技术、生物与新医药技术、航空航天技术、新材料技术、高技术服务业、新能源及节能技术、资源与环境技术和高新技术改造传统产业八个领域。它是知识密集、技术密集的经济实体（吴伟容和王召，2011）。

（二）高技术企业的特征

1. 知识密集度高

高技术企业产品的设计、研发、生产相较于传统企业的产品具有投入大、风险高、流程烦琐、工艺复杂等特点，高技术产的设计、研发、生产等全过程都需要高知识型人才的参与,因此高技术企业的知识密集度极高。

2. 高风险、高投入、高产出

高技术企业具有知识密集度高的特点,高知识密集度必然需要高专业人才的大量投入,必然会引起高资本投入。高技术企业的产品因其所具有的新颖性和独特性可以更好地满足消费者的需求,从而获得较高的产出,同时由于高技术企业投入大、风险高,其产品价值必然包括风险价值(康鑫,2019)。

3. 具有较强的竞争能力

高技术企业在开展知识产权相关的研究、开发、保护、生产和销售等活动中,在国内和国际两个市场上,都具有很强的竞争力。高技术企业所具有的核心竞争力和技术专利很难在短时间内被其他企业所模仿,因此其相对于传统企业具有很强的竞争力。

4. 在国家中占有重要战略地位

一个国家的高技术企业的强弱直接决定了该国的科技、经济以及综合国力,同样也影响着国家在世界科技竞争中的地位。高技术产业也被视为一国的战略型产业,关乎国家的重要利益。

二、高技术企业知识产权管理及开放式知识产权管理

(一)高技术企业知识产权管理的含义

管理是指组织对其掌握范围内资源进行有效的计划、组织、协调和控制等行为,进而达到既定目标的过程(胡云侠,2009)。高技术产业中,高技术企业以专利、商标、版权、技术秘密等形式存在的知识产权为知识资源,在遵循企业战略指导下,对这些知识资源的转移、增值进程进行规划,通过对知识资源开发、知识资源的保护以及知识资源运营的管理,实现知识密集型制造业中各种知识资源增值和提高经济社会效益的目的(张永超,2013)。

高技术企业的鲜明特点不仅说明了高技术企业有必要对企业的知识产权进行科学、严谨、系统的战略管理,而且也对企业内部的知识产权开发、保护和运营等各个环节提出了更高的要求。

本研究认为,高技术企业知识产权管理就是以高技术企业为对象,以

知识产权制度为基础，健全和完善自身知识管理，通过对企业知识产权开发、知识产权保护和知识产权运营，形成市场竞争优势和国际竞争力，推动企业高速持续发展的战略。

（二）高技术企业开放式知识产权管理的含义

开放式知识产权管理不仅反映了知识产权生成途径的转变，同时也反映了知识产权利用和管理方式的变革，企业进行知识产权管理的主要模式有知识产权许可、联盟、开发和免费开放四种战略模式。知识产权的许可指企业以合同或者其他方式允许其他单位使用自己的知识产权，这种模式可以大大促进知识产权资源的共享和交流，增强了知识产权的价值。知识产权的联盟就是运用共享的方式来提升企业自身的竞争力和创造力，从而将知识产权的使用范围扩大，促进社会生产力的发展和进步。知识产权的合作开发不管是企业和企业之间优势互补的开发，还是企业和研究院所之间共同进行的研发，都是对知识产权进行的一种合作式的改进和发明，有利于促进知识产权的不断进步（郭峰，2018）。有别于传统的高技术企业知识产权管理，开放式知识产权管理更侧重于组织的合作与协同管理，强调在风险分担、成果共享、互惠互利的框架内，在知识产权活动的多个维度发挥各自的优势，实现知识产权创造、技术创新效率的最大化。

三、高技术企业开放式知识产权管理的特征

开放式知识产权管理除了具备传统知识产权管理的基本特征以外，还具有以下特征。

（一）所处环境复杂性

传统知识产权管理重点在于知识产权资源各种组合运用与管理，外部环境对其所产生的冲击并不大，且其管理内容也相对简单、可控。而开放式知识产权管理不仅要注意组织内部知识产权资源的运用，更要协调组织间的知识、技术、相关产权的共享、交互与买卖，所面临的环境也更加复杂。

（二）战略目标长期性

对于高技术企业中短期知识产权战略目标，在通常情况下，企业可以仅仅依赖组织自身的资源来完成全部活动，开放式知识产权管理更为适合

企业长期知识产权战略的需求，通过对相关资源的有效整合，以及协调各方利益之间的矛盾，参与各方凭借知识产权合力更可能实现长期知识产权战略目标。

（三）组织相容性

开放式知识产权管理需要在更加开放、包容的组织环境之中进行，企业只有形成分享、合作的企业文化，提高企业的相容性，才能很好地处理各方之间的矛盾和误解，真正实现知识产权管理的开放性。

（四）协作互惠性

企业进行开放式知识产权管理的目的就是实现企业间的互惠互利，突破各企业内部资源的限制，提高企业知识产权活动的效率。开放式知识产权管理在本质上具有较强的互惠性。

第二节　国内高技术企业开放式知识产权管理现状及启示

一、国家知识产权战略视野层面下高技术企业知识产权管理现状

随着中国改革开放和经济全球化的不断加深，中国知识产权的相关法律法规也不断地修改与完善，知识产权的法律制度体系也已初步建成，虽然相较于西方发达国家仍有许多不足之处，但整体而言是一直在不断发展与完善。我国商标法、专利法、反不正当竞争法等法律的相继实施为高技术企业进行知识产权管理提供了先决条件和良好的制度环境，进入"十三五"时期更加注重高技术企业的发展，高技术产品出口额已跻身世界第一位。截至2018年，中国高技术产业收入达到15.7万亿元，高技术产品出口额达到3.5万亿元。针对高技术企业知识产权管理的需要，中国先后在政策上和立法上出台文件，指导扶植高技术企业的发展，如国家高技术产业发展项目管理暂行办法等。与此同时，中国更加注重高技术企业在加快新型工业化的进程、建设创新型国家等重要任务中的作用，从多方面、多层次、多角度来创造有利于知识产权管理发展的环境，不断鼓励高技术企业提高研发投入、知识产权保护意识和自主创新能力，积极实施知识产权战略，完善知识产权保护制度，加强知识产权开发、运营、保护和管理。

二、企业层面开放式知识产权管理现状

随着经济全球化和知识经济的不断发展，中国高技术企业已经逐步认识到知识产权的重要价值和重要意义，知识产权的法律意识和权力意识不断增强。中国高技术企业以科研开发促进企业科技创新、以技术开发和创造获取自主知识产权、以自主知识产权提高企业自身竞争力的良性循环机制正逐步形成，中国高技术企业拥有的知识产权正实现"由少到多""由量到质"的双重飞越，不少高技术企业已经建立了相应的知识产权管理和保护制度，涉及激励措施、保密制度、竞争限制等各个环节（王可达，2008）。但是整体而言，中国高技术企业缺乏系统的知识产权管理思想，往往只会重视某一特定的知识产权管理环节，忽略了对其他层面知识产权的有效管理，同时许多企业普遍重生产轻研发、重模仿轻创新，知识产权层次低，更有大量的企业尚未从企业发展全局的战略高度认识到知识产权管理的重要性。

从企业层面来看，可以从以下四个维度来衡量一个高技术企业是否实施了知识产权管理以及实施的效果：一是取得和拥有的知识产权成果；二是企业知识产权保护的效果；三是知识产权成果的应用性；四是组织间知识产权的协同程度。概括起来，这四个维度就是知识产权开发、知识产权保护、知识产权运营和知识产权协同。以下从上述四个维度分别总结国内高技术企业开放式知识产权管理现状。

（一）高技术企业知识产权开发现状

高技术企业的知识产权管理是以知识产权开发为基础，因此知识产权开发管理是顺利进行知识、产权管理的前提，也是知识产权产出的源头和基础。在知识经济背景之下，知识更多呈现出商品化、产权化和财富化的特征，而知识经济发展必不可少的则是知识产权的开发管理和保护，许多实力强劲的高技术企业都加大了知识产权的开发，为知识产权的开发提供了充足的资金和良好的环境，高技术企业 R&D 经费也逐年提升，如图 4-1 所示。

如图 4-1 所示，2018 年全年大中型高技术产业企业 R&D 内部经费投入总额已达到 29125270 万元，是 2011 年 R&D 内部经费支出总额的 2.35 倍。虽然中国在科技研发上投入的力度不断增强，但距离美国、欧盟等知识产权实体还是存在明显差距。仍以 R&D 经费投入总额为例，参照日本

研究部科学省 2018 年发布的科学技术要览，世界一些国家、地区的 R&D 总投入如图 4-2 所示。

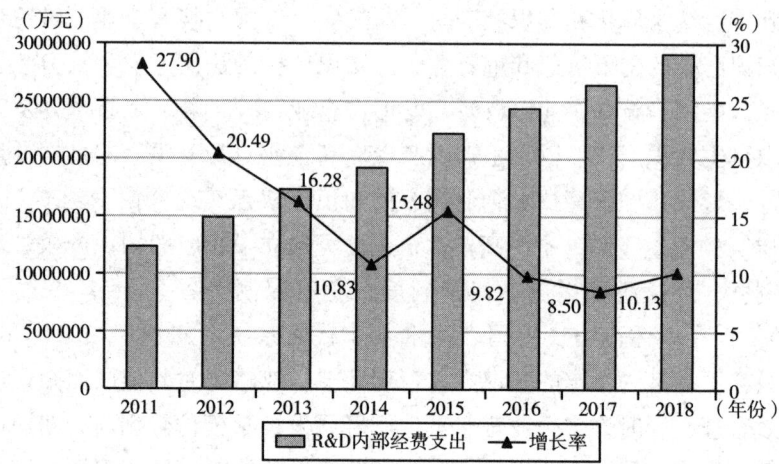

图 4-1 2011~2018 年大中型高技术企业 R&D 内部经费支出情况

资料来源：国家统计局社会科技和文化产业统计司：《中国高技术产业统计年鉴 2019》，中国统计出版社 2020 年版。

R&D 内部经费支出情况可以很好地反映出 R&D 强度，能衡量一个国家（地区）或一个企业对科技和创新的投入力度，是国际社会广泛使用的

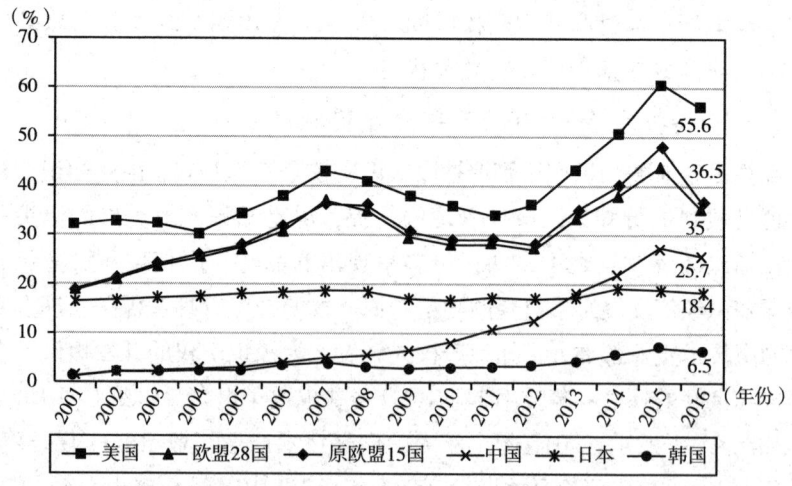

图 4-2 2001~2016 年部分国家、地区企业 R&D 强度对比

资料来源：国家统计局社会科技和文化产业统计司：《中国高技术产业统计年鉴 2019》，中国统计出版社 2020 年版。

科技指标,世界各国普遍将其作为创新战略规划中的核心指标,具体存在以下关系式:

$$企业 R\&D 经费投入强度 = \frac{R\&D 经费内部支出}{主营业务收入} \times 100\% \quad (4-1)$$

企业的 R&D 经费投入强度是反映企业创新能力的指标之一。根据经济合作与发展组织(Organization for Economic Co-operation and Development,OECD)标准,若企业 R&D 投入强度大于 4% 时,表示企业创新能力较强;若企业 R&D 投入强度在 1%~4% 时,表示企业创新能力中等;若企业 R&D 投入强度小于 1%,表示企业创新能力较低。

结合图 4-1 和图 4-2 可以看出,中国企业 R&D 经费投入的绝对数值可以以 2013 年作为时间节点,2013 年以前,虽然相关科研投入的绝对数值逐渐增长,但是结合其他发达国家的数据来看,R&D 经费投入相对数并没有任何增加,甚至在某些年度或时点还有所降低。根据数据显示,2015 年中国高技术企业 R&D 投入强度 27.5%,而美国是 60.9%,欧盟为 43.9%。通过以上数据可以看出,近年来各个国家对于知识产权开发都给予了足够的重视,并且重视程度还在不断增加,虽然中国高技术企业将知识产权开发工作放在越来越重要的地位,但是相较于其他发达国家而言差距仍然很大,中国高技术企业应该从战略的高度来对待知识产权开发工作,只有这样,才能在激烈的国际竞争中求得生存和发展,才能逐步跟上和超越发达国家的步伐。

在大量投入经费的保障下,高技术企业的专利申请量和授权量也在逐年提高,根据中华人民共和国科学技术部发布的《中国高技术产业发展状况分析》,2016 年,中国高技术产业主营业务收入规模继续扩大,突破了 15 万亿元,占制造业比重达到 14.7%。高技术产业主营业务收入在不同行业间差异显著,电子及通信设备制造业主营业务收入占全部收入的一半以上。以东部地区为主,高技术产业分布体现出明显的地理集聚特征。内资企业产值所占比重继续稳步上升,已达到 54.9%,比上年度提升了 4 个百分点。研发投入继续提升,大中型高技术产业企业的研发经费占大中型制造业企业研发经费的 30.6%,研发经费投入强度达到 1.58%,地区研发投入差异明显。

根据 2019 年中国高技术产业统计年鉴提供的资料,2018 年中国高技术企业专利申请量达到 264736 项，占同期国内专利申请总量的 6.38%，2013~2018 年中国高技术企业专利申请数如图 4-3 所示。

图 4-3　2013~2018 年高技术企业专利申请数

资料来源：国家统计局社会科技和文化产业统计司：《中国高技术产业统计年鉴 2019》，中国统计出版社 2020 年版。

通过数据可知，中国高技术企业专利申请总量增长速度很大，中国在知识产权管理方面取得初步成效，发明专利占专利申请数的比重如图 4-4 所示。

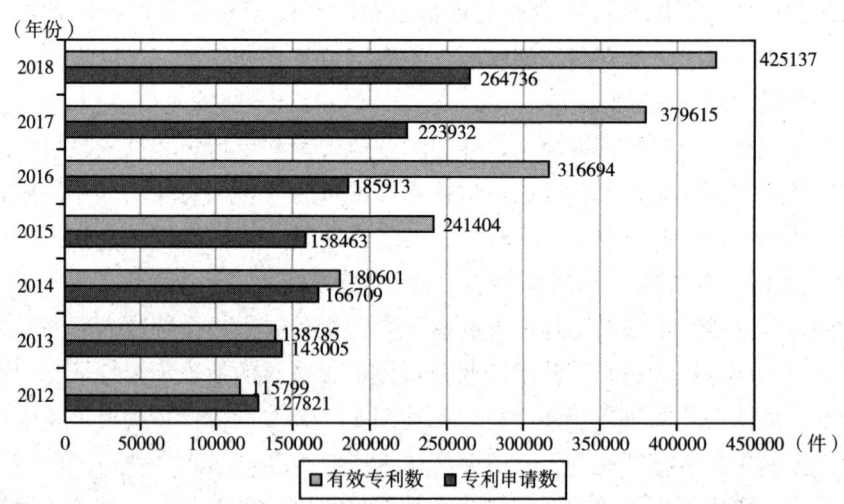

图 4-4　2012~2018 年高技术企业专利申请结构

资料来源：国家统计局社会科技和文化产业统计司：《中国高技术产业统计年鉴 2019》，中国统计出版社 2020 年版。

（二）高技术企业知识产权保护现状

以往高技术企业更加重视能够在短期内迅速产生经济效益的成果，而忽视了对有价值的科研成果进行保护，通常通过发表论文的方式将科研成果公布出来，这样做往往严重损害了企业自身的利益，削弱了企业的核心竞争力，将企业花费诸多时间精力所获得的成果无偿贡献给他人，随着先进科学技术和知识在世界范围内的扩散和转移，中国高技术企业也逐渐意识到完善知识产权管理制度的重要性。国内已有高技术企业根据自身实际情况制定了知识产权发展战略，采取严密的措施来保护自己的核心技术，并将知识产权的创造、保护工作纳入企业的发展战略之中。同时完善企业的科研管理制度，严格按照相关标准申请、注册和登记知识产权（张紫铭，2019）。另外也有许多高技术企业通过实施品牌战略、多元化战略和国际化战略来进一步完善企业的知识产权保护战略。以苏州恒瑞医药股份有限公司①为例，成立之初，恒瑞仅仅从事简单的常用医疗外用擦剂配置与销售，并无相关专利，知识产权欠缺。之后恒瑞确立了"做大厂不想做的，小厂做不了的"发展策略，开启了一系列的创新行为，最终选择以抗肿瘤药品为突破口，通过银行贷款从北京某高校购买了抗肿瘤新药异环磷酰胺的专利，并成立"药物研究所"对该生产工艺进行研究。1995年，国家药政部门批准抗肿瘤新药异环磷酰胺上市，恒瑞首次拥有了自己的品牌仿制药，并在随后几年促进了恒瑞药业的快速增长，带动了市场销售和产品竞争力显著的提高，利润也开始增长。至此，恒瑞进一步确立了以抗肿瘤药作为主攻方向，实现向仿制药制造的成功转型。在系列品牌仿制药成功上市后，恒瑞开始了实质产品研发。2000年在上海设立了药物研发中心。2005年恒瑞药业开始申请专利，2006年在美国设立研发中心，开始雇用国外优秀研发团队和经过训练的国际药业研究员。2008年公司设立知识产权部门。恒瑞逐渐建立了集中管理模式的专利管理制度和流程，主要以项目负责制的模式推进日常专利管理工作，专业的专利人员负责专利检索、专利分析、专利申请多项工作。随着研发能力的提升，恒瑞药业在这一时期获得了巨大的创新成果，逐渐明确了打造"中国人的跨国制药集

---

① 李珮璘，黄国群. 我国跨国公司知识产权战略演进及影响因素分析——基于恒瑞和海正的案例研究［J］. 情报杂志，2018，37（12）：56 - 64.

团"总体发展目标。恒瑞进一步完善了系统的创新及知识产权管理体系，研发人员管理、新技术专利跟踪机制、整体研发专利预警系统、合作网络、专利转化与应用等子系统的管理进一步规范，制定了专利全流程管理规范，形成了从研发立项到运营管理的高价值专利全流程培育机制。本研究从国内三种专利申请数和国内三种专利授权数来描述我国知识产权保护管理现状，如表4-1所示。

表4-1　　　　　　2009~2018年我国知识产权保护现状

年份	国内三种专利申请数			国内三种专利授权数		
	发明	实用新型	外观设计	发明	实用新型	外观设计
2009	229096	308861	339654	65391	202113	24282
2010	293066	407238	409124	79767	342256	318597
2011	415829	581303	507538	112347	405086	366428
2012	535313	734437	642401	143847	566750	452629
2013	704936	885226	644398	143535	686208	398670
2014	801135	861053	548428	162680	699971	346751
2015	968251	1119714	551481	263436	868734	464807
2016	1204981	1468295	631949	302136	897035	429710
2017	1245709	1679807	610817	326970	967416	426442
2018	1393815	2063860	689097	345959	1471759	517693

资料来源：《中国统计年鉴》。

我国高技术企业知识产权保护现状可以从专利申请数和专利授权数来侧面反映。根据表4-1所示，我国专利申请数从2009年的877611件到2018年4146772件，总体来看增长较大且呈稳定增长状态。从三种专利申请数上看，发明和实用新型较外观设计增长更快，表明随着我国知识产权保护制度和保护机制的健全，核心知识产权的培养取得了良好的效果，越来越多的创新主体选择原发专利的申请。在专利授权数上，2009年为291786件，2018年为2335411件。通过专利申请数和专利授权数的横向比较可以看出，我国专利授权数整体增速较快，这表明我国技术创新环境正逐渐完善，企业知识产权意识逐步加强，知识产权保护立法和相应的知识产权战略正在发挥重要作用。

为进一步横向对比我国各省份知识产权保护现状的差异，以2018年数据为基础数据,得到我国各地区知识产权保护方面的柱状图,如图4-5所示。由图4-5可知,广东、江苏、浙江、北京、山东等东部地区专利申请数和专利授权数处于靠前位置,其次为四川、河南、陕西等中部省份,最靠后的是甘肃、海南、宁夏、青海和西藏等西部欠发达地区。同时可以看出,东、中、西部省份的知识产权保护活动发展不均衡。以江苏、河南和新疆三个省区作为东、中、西部的三个代表省份,对比我国不同区域知识产权保护活动的差距,发现江苏的专利申请数、专利授予数比河南分别高出2.89和2.73倍,江苏比新疆分别高出39.98倍和30.79倍,同时河南比新疆分别高出9.54和7.52倍。上述数据分析表明,我国知识产权保护活动在区域上呈现失衡状态,这与我国区域产业结构、经济发展区域差异是相对应的。如何从知识产权保护视角促进经济结构优化、稳定经济持续增长、加强区域经济协同发展是未来政策制定和实施的重点考虑方向。

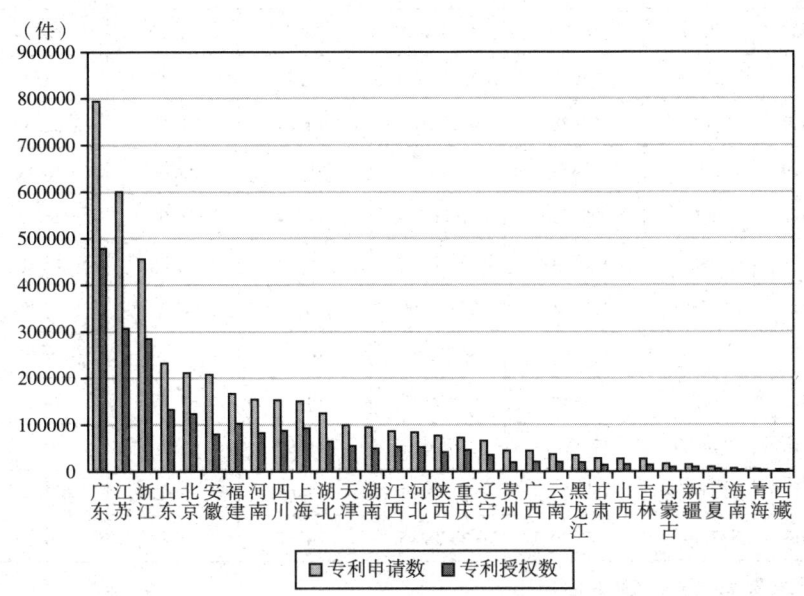

图4-5　2018年我国各地区专利申请数与专利授权数状况

资料来源:国家统计局社会科技和文化产业统计司:《中国高技术产业统计年鉴2019》,中国统计出版社2020年版。

(三)高技术企业知识产权运营现状

高技术企业知识产权运营的实质就是对企业的无形资产进行运作并实

现其商业化和社会化价值,是指企业或国家在全面了解市场环境、技术环境和社会环境的基础上,利用企业或本国的各种资源,谋求知识产权资产增值的价值实现方式。因此,知识产权运营管理的价值主要体现在知识产权价值实现及增值方面,为此,本研究从技术市场成交额、大中型企业新产品销售收入、高技术产业新产品出口额及其增长情况来刻画我国知识产权运营管理水平现状,如表4-2所示。

表4-2　　　　2006~2018年我国知识产权运营管理水平现状

年份	技术市场成交额(万元)	大中型企业新产品销售收入(亿元)	高技术产业新产品出口额(万元)	技术市场成交额增长率(%)	大中型企业新产品销售收入增长率(%)	高技术产业新产品出口额增长率(%)
2006	1818	31233	33415657	17.2	29.61	25.33
2007	2227	40976	43520861	22.46	31.19	30.24
2008	2665	57027	63417880	19.7	39.17	45.72
2009	3039	57978	49299107	14.02	1.67	-22.3
2010	3907	72864	74345122	28.55	25.68	50.80
2011	4764	100583	101666994	21.94	38.04	36.75
2012	6437	110530	113878114	35.13	9.89	12.01
2013	7469	128461	122333390	16.03	16.22	7.43
2014	8578	142895.3	134322062	14.80	11.24	9.80
2015	9837	150856.5	167575462	14.67	5.57	24.76
2016	11407	174604.2	181663586	15.97	15.7	8.41
2017	13424	191568.7	195150291	17.68	9.72	7.42
2018	17697	197094.1	193320485	24.15	2.88	-0.94

资料来源:《中国统计年鉴》。

根据表4-2所示,近些年来我国知识产权运营活动表现良好,技术市场成交额、大中型企业新产品销售收入和高技术产业新产品出口额均呈现显著的快速度增长态势,表明知识产权运营宏观环境得到改善,知识产权市场整体活跃。从表4-2所反映的具体数据来看,在技术市场成交额方面,2006年为1818亿元,到2018年上升到17697亿元,基于时间序列的数据变化对比发现，我国技术市场成交额在 2006~2018 年实现了 873.43% 的增长量，年均增长率为 20.18%，高于 GDP 增速的两倍以上；在大中型企业新产品销售收入方面，2006 年为 31233 亿元，到 2018 年飙升到 197094.1 亿元，在此期间总共实现了 531.04% 的增长量，年均增长率为 18.20%；在高技术产业新产品出口额方面，2006 年为 33415657 万元，而到 2018 年也大幅度增加到 193320485 万元，其在 2006~2018 年的 12 年实现了 478.53% 的增长量，[①] 年均增长率也达到 18.11%。整体而言，2006~2018 年，我国知识产权运营总体的增长趋势明显，但个别年度出现较大差异，具有波动性，如 2009 年我国知识产权运营指标异常于其他年份，呈现低落状态，可能的原因在于 2008 年经济危机中全球经济疲软，抑制了高新技术相关产品的出口和销售，使其增长情况明显异于其他年份。虽然全球经济危机对我国知识产权运营管理产生了一定的负面影响，但同时也给我国进行知识产权体系完善、经济结构调整和创新体系建设提供了良好的机遇和驱动力，必将促进我国知识产权运营更加稳定地发展。

横向对比我国各省区知识产权运营现状，同样以 2018 年数据作为排序基础数据，以表示大型、中型企业新产品销售收入和新产品出口额作为排序依据，得到我国各省区知识产权运营的柱状图（见图 4-6）。

由图 4-6 可知，江苏、河南、广东等东部地区的大型企业新产品销售收入和大型企业新产品出口额两项指标均处于全国领先位置，其中广东作为我国经济的第一强省，其大型、中型新产品销售收入和新产品出口额均位列前茅。辽宁、江西、湖北、湖南、陕西等中部省份位列第二，最为靠后的是吉林、黑龙江、广西、云南、贵州、宁夏等欠发达地区。

从图 4-6 直观反映的各省份各项指标的情况可以看出，我国东、中、西部地区的知识产权运营活动发展出现严重失衡。本研究选择广东、湖南和广西三个省区作为东、中、西部典型代表，对比分析各省区知识产权运营的差距。广东大型企业新产品销售收入、新产品出口额以及中型企业新产品销售收入、新产品出口额比湖南分别高出 32.93 倍、19.76 倍、9.73 倍和 46.73 倍。广东大型企业新产品销售收入、新产品出口额

---

① 同比增长量 =（当年的指标值 - 去年同期的值）÷ 去年同期的值 × 100%。

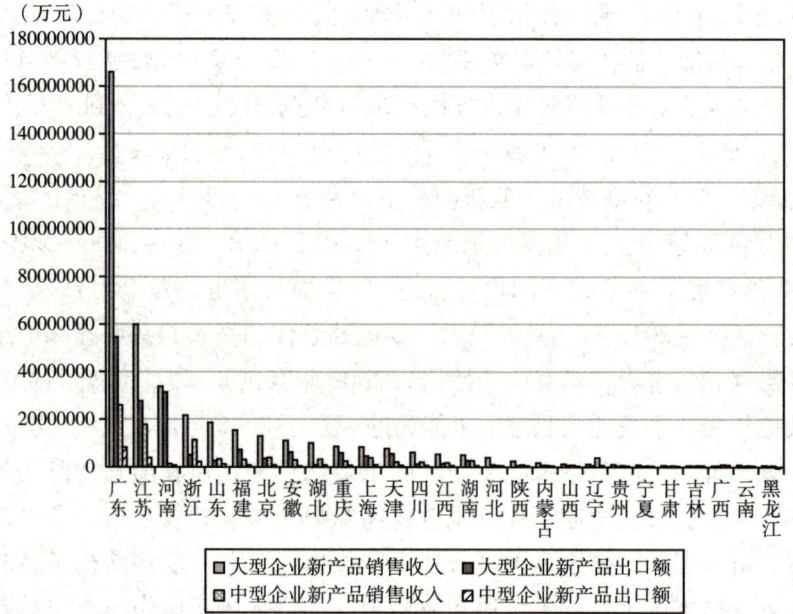

图 4-6 2018 年我国 27 个省（区、市）高技术企业知识产权运营状况

资料来源：国家统计局社会科技和文化产业统计司：《中国高技术产业统计年鉴 2019》，中国统计出版社 2020 年版。

以及中型企业新产品销售收入、新产品出口额比广西分别高出 318.50 倍、426.69 倍、25.42 倍和 9.99 倍。湖南大型企业新产品销售收入、新产品出口额以及中型企业新产品销售收入、新产品出口额比广西分别高出 9.67 倍、21.60 倍、2.61 倍和 0.21 倍。四项指标中差距较为明显的是大型企业新产品销售收入，其次为大型企业新产品出口额，中型企业新产品销售收入和新产品出口额差距不大。可见，我国知识产权运营也在区域分布上出现严重失衡状态，东部地区占据主导地位，中西部地区发展严重滞后。

高技术企业知识产权运营效果直接关乎企业的命运和发展，其运营效果主要是由知识产权所产生的经济价值和社会价值来衡量。中国高技术企业普遍较为重视知识产权运营工作，许多规模较大的企业通过学习国外知识产权运营的先进理念和制度，建立了专门的知识产权运营中心。截至 2018 年，中国高技术产业主营业务收入规模继续扩大，突破了 15 万亿元。高技术产业主营业务收入在不同行业间差异显著，电子及通信设备制造业主营业务收入占全部收入的一半以上。以东部地区为主，高技术产业分布体现出明显的地理集聚特征。内资企业产值所占比重继续稳步上升,已达到 57.9%。大中型高技术产业企业的研发经费不断增加,并且地区研发投入差异明显。2009~2018 年高技术产业主营业务收入及增长速度如图 4-7 所示。

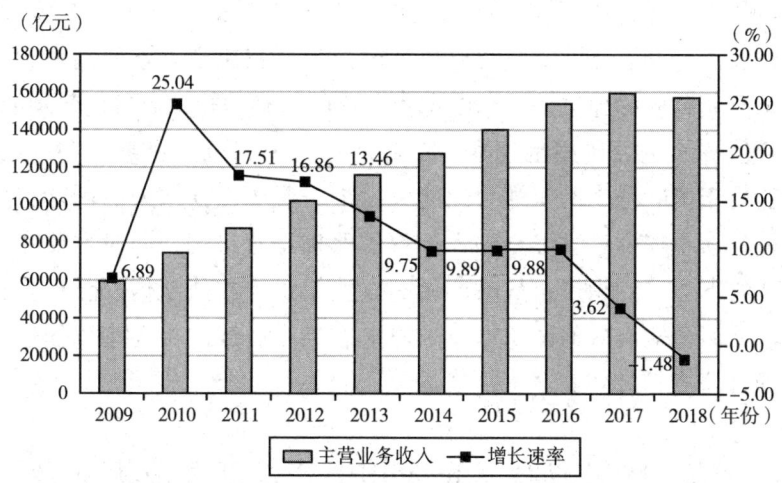

图 4-7 2009~2018 年高技术产业主营业务收入及增长速度

资料来源:国家统计局社会科技和文化产业统计司:《中国高技术产业统计年鉴 2019》,中国统计出版社 2020 年版。

(四)知识产权协同现状

随着社会的不断发展,企业间的竞争也经历了产品竞争、技术竞争、品牌竞争等多个层次,企业技术优势和知识优势转化形成企业的品质和品牌,企业产品的竞争依赖于多种、多项知识产权的集成,即知识产权是创新的成果,是多项权利的组合,包括专利权、商标权、著作权、商业秘密等(Frame JD,1977)。从产品研发到设计、服务提供到市场、从融资特许经营等,需要不同组织、不同产业间的知识产权的协同,这种协同与合作也有利于高技术企业品牌的塑造。

企业产品的研发生产流程越是复杂,企业对于知识产权战略协同的需求也就越紧迫。特别对于科技创新成果较多的高技术企业而言,知识产权战略协同尤为迫切。受知识产权协同发展状况的约束,以及资料可获得性的制约,相关权威文献或数据库中罕有知识产权协同相关信息。从企业层面来看,中国高技术企业知识产权协同不仅在协同规模上较小,而且所涉及的内容也缺乏相应的广度和深度,整体来说,企业之间的知识产权协同仍有较多不足。从宏观层面来看，中国高技术企业知识产权协同还比较落后，随着知识产权在国际竞争与国际贸易中的地位日益凸显，知识产权战略布局已经成为各国家抢占新一轮发展制高点的关键工具。与传统国际分工不同，在以全球价值链为基础的国际分工体系中，以著作权、专利、品牌等为主要内容的知识产权决定着不同国家和企业在全球产业链中的地位。一个国家和企业所拥有的知识产权优势越明显，它对价值链的主导作用也越强，在财富分配中的位置也越有利；反之，就只能处于国际分工的低端。因此，一个企业要想在未来的国际竞争中占据优势，不仅要建立健全知识产权的保护运营机制，同时也要在政府的支持之下通过知识产权战略协同对企业知识产权战略做好合理安排和配置，从而塑造有效的知识产权战略形态，为后续的市场竞争创造有力的基础（康鑫，2019）。

第三节　国外高技术企业知识产权管理现状及启示

一、欧美国家高技术企业知识产权管理现状

欧洲是"知识产权"概念产生的源头，最早见于17世纪中叶法国学者卡普佐夫的观点，他把当时认为是知识活动领域所产生的权利都称为"知识产权"。欧洲专利局成立的初衷在于通过提供高质和高效的服务，在欧洲范围内支持创新、竞争力并促进经济增长。欧洲专利局的主要职责是根据欧洲专利公约（EPC）授予欧洲专利权，还代表某些成员国（比利时、塞浦路斯、法国、希腊、意大利、立陶宛、卢森堡、马耳他、摩纳哥、荷兰、圣马力诺和土耳其）的专利局进行国家程序中的现有技术检索。在专利信息、开发工具和数据库等方面，欧洲专利局扮演重要角色。作为欧洲唯一的专利授予集中机构，欧洲专利局通过一个专利申请和单一授权程序，为多达40个欧洲国家提供专利保护。2014年，欧洲专利局和西班牙专利商标局签署了一项协议，造福欧洲产业；同年，欧洲专利局向世界推出了欧洲全球档案，其中包括中国的数据。2015年，为了与不断增长的服务需求发展相适应，欧洲专利局已经实施了一些实现其结构现代化和提高效率、质量标准的内部改革，这些努力使授予专利的业绩大大提

升。2016年，欧洲专利局在检索、审查和异议方面的成果增长了9%，启动了上诉委员会改革，利于提高司法自治和效率。2017年12月，欧洲专利局质量管理体系根据最新修订的ISO 9001标准重新认证，没有发现任何不合格的情况，该认证也涵盖了欧洲专利局的异议程序和专利信息活动。2018年5月，欧洲专利局举办了专利与人工智能专题研讨会，这是专利主管机构近年来就这一专题举办的第一次会议。2020年3月12日，欧洲专利局（EPO）发布了《2019年专利指数》报告，报告指出，欧洲专利申请量持续增长，创历史新高。

18世纪60年代英国发起的第一次工业革命席卷欧洲，不仅使得英国迅速成为世界霸主，获得极大的经济利益与发展优势，也促进技术创新突飞猛进的发展，源源不断的新知识产品和新技术流程产生并流向市场，这些知识和技术被重复利用或者被仿制改良。英国是世界上最早实施知识产权保护系统的国家。英国知识产权管理的法律法规健全、执法严格，且无论知识产权局还是企业自身各方，知识产权管理意识强烈，流程顺畅，配合紧密。在《知识产权与增长建议的独立审查》著作中，伊恩·哈格里夫斯教授提出关于怎样消除知识产权系统中存在的障碍和调整工业模式可持续发展战略，以便更好地适应数字化科技信息时代的审查建议。这些建议包括改革版权许可制度，建立"孤儿作品"的批准和通关手续，重新设计系统，并促进中小企业接触到法院系统。除此之外，英国政府为知识产权提供了强有力的法律保护，在某些版权、商标或注册设计保护的案例中，侵权行为是一种犯罪行为，如果草率定罪，被判有罪者将可能受到监禁或罚款。

第二次世界大战以后，德国的经济迅速崛起，经济总量和人均国内生产总值均位居世界前列，其中一个重要原因是德国企业有效运用知识产权制度，不断提升和保护其强大的市场竞争能力，进而增强了国家的竞争力。伴随着21世纪的到来，世界进入知识经济的时代，德国则更加致力于推进知识产权战略工作，形成一套以企业为轴心、国家支持、员工努力的知识产权战略管理和法律保护体系，并积极实施以专利为重点的知识产权战略，培养出了大批知名的世界顶级企业（冯涛和杨惠玲，2007）。德国企业的知识产权管理总体呈现出明确的知识产权战略和指导方针、明晰的知识产权管理工作职责、科学的知识产权申请评估体系、良性循环的产学研合作机制和重视培养知识产权专业管理人才四个显著特点。作为工业强国，德国始终力求在各类与经济相关的制度立法上占得先机，虽然德国知识产权法律制度的建立时间晚于英美等国，但是从其法条的严谨程度以及对侵权行为的惩戒力度方面来看，其无疑是各国知识产权法中最能保障发明人利益的法规之一。

法国作为世界上最早建立知识产权体系的国家之一，其专利制度最早可以追溯到1791年。1992年颁布的《法国知识产权法典》开创了知识产权法典化的先河。通过对比2015年世界主要国家（地区）的研发投入，法国与韩国、英国的研发投入位于前三位。据2018年欧洲专利局（简称"欧专局"）的统计数据显示，法国向欧专局提交的专利申请和在法国工业产权局提交的专利申请总数位居欧洲第二。世界知识产权组织WIPO发布的《2019年全球创新指数》显示，法国连续两年创新指数排名维持第16位。法国作为世界科技强国之一，科研与创新体系不断完善与发展，知识产权制度也与时俱进，在保障法律法规顺利推行的同时刺激国家整体科研创新性，提升国家的经济实力和竞争能力（颜涛，2020）。

美国向来注重企业知识产权的保护，其知识产权管理战略主要体现为实施知识产权立法先行、对外实施知识产权壁垒以及不断完善知识管理的目标。美国专利商标局的使命是以高素质和多元化的团队为专利和商标申请提供优质及时的审查，引导国内外知识产权政策，并在世界范围内传播知识产权信息，进行知识产权培训，从而促进科技创新和经济增长。我国国家知识产权局发布《世界五大知识产权局统计报告》显示，2015年美国专利商标局启动了提升专利质量的计划项目，目的是提供高质量的产品和优质的服务，并用最严格的质量指标衡量绩效。2016年美国专利商标局与全国各地的律师协会和法学院合作，为全国50个州中资源贫乏的独立发明者和小企业提供无偿专利援助。2017年美国专利商标局在减少专利申请积压方面取得了重大进展，申请积压比2016年减少2.1个百分点，降低总量达到526579件。2018年则比2017年减少1个百分点，降低总量达到522149件。WIPO发布的《全球创新指数》显示，最具创新力的国家排名中，美国始终位于前列，是关键创新投入和产出的最大贡献者。

二、日韩国家高技术企业知识产权管理现状

科学先进的知识产权管理理念的形成与发展对日本战后经济的恢复和高技术产业的勃兴发挥了关键作用。二战后，日本通过从欧美发达国家大量引进先进技术，在消化吸收的基础上进行二次开发并采取适当的专利战略，迅速缩小了与欧美国家之间的差距，随后不断加强自主知识产权的研发，使其在国际竞争中抢占先机。2002年7月3日，依据知识产权战略会议提出《知识产权战略大纲》，宣示日本"知识产权立国"国策，以促进国内知识产权产业化发展，将知识产权建设和知识产权管理提高到国家基本战略的高度。日本近年来不断采取减免费用、提高专利审查效率等措施以加大企业知识产权申请力度，日本专利局在2008年相继颁布并实施了《专利法》《实用新型法》《外观设计法》等修改草案，明确指出调整企业的专利年费以及着重降低第十年以后的年费，并于2014年开始实施《加强产业竞争力法案》中的"减免专利费用"条款，使本国企业申请日本专利和国际专利都能够享受价格优惠，从而促进鼓励全社会进行创业创新等行动。日本高技术企业采用"产官学"的创新模式，推动大学科研成果向企业转移。同时高技术企业注重知识产权制度的有效实施，确保发明人和投资者的利益。知识经济时代，日本高技术企业逐渐完善对发明者和发明部门的奖励制度，加大对于有创新成果的研发个人或团队的奖励，从而形成以创造为乐趣的企业氛围。

与欧美等发达国家相比，韩国高技术企业知识产权起步发展较晚，不断地学习与模仿使其在知识产权管理等方面积累了丰富的经验，科技迅速崛起使韩国的知识产权管理手段遥遥领先于发展中国家，并已成为各发展中国家学习与借鉴的榜样。20世纪80年代，韩国政府制定并颁布了一系列知识产权管理的法律法规，以期提高本国高技术企业技术创新的积极性及增强企业技术创新的能力。金融危机爆发后，韩国颁布了《知识产权强国实现战略》，将工作重心转移至知识产权运用的推广与知识产权保护的完善。2009年制定《知识产权的战略与愿景》并颁布《知识产权强国实现战略》；2010年实施"知识产权明星公司"项目，加强中小企业知识产权创造与运用，同年审议通过《知识产权基本法》；2014年韩国文化体育观光部启动了"著作权支援团上门服务"项目，通过差异化的著作权服务

为中小企业创新行为提供多种形式的帮扶；2015年11月韩国国会通过了包含有关专利法院集中管辖的重大改革内容的《法院组织法》及《民事诉讼法》的修正案，并于2016年1月1日开始正式施行，改变了以往韩国知识产权诉讼的"双轨制"（即专利法院负责管辖专利权授权确权案件的司法审查，而地方法院、高等法院及大法院分别负责管辖专利权侵权诉讼的一审、二审和三审）；2017年12月24日，韩国国会通过《法院组织法》修正案并于2018年5月正式生效，该修正案将允许当事人以被允许使用的外语提交法庭意见、证据，参加口头辩论，而无须提交韩文翻译，大大减少翻译错误的风险和翻译成本，有助于韩国转变为有影响力的知识产权纠纷解决中心。

三、部分发展中国家高技术企业知识产权管理现状

巴西作为拉丁美洲最大的国家，近年来在世界经济格局中的地位显著上升。20世纪70年代，巴西相继出台《工业产权法》《著作权法》《计算机程序著作权保护法》《生物安全法》《种子法》等相关法律法规，从而保护和激励知识创新。巴西企业的知识产权管理实施分类管理战略，专利、商业秘密、商标、著作权及软件等保护战略。其中，巴西对外观设计专利申请的审查与中国相同，经过形式审查就给予专利保护；商业秘密的法律保护完全采用与TRIPS协议的相关规定；巴西商标法主要包括商标和地理标志两个部分，规定"视觉上可辨的显著性标识"可以注册为商标，而嗅觉、声音、味道和触觉不能被注册（闵森，2019）。

印度于1999年制定了新的《商标法》（2003年开始正式施行），修订了1970年《专利法》，于2000年颁布了新的《设计法》和《信息技术法》，于2002年再次修订1970年《专利法》。2003年建立知识产权申诉委员会，与印度专利、设计及商标管理总局（包括专利局、商标注册局和知识产权学院等机构）和印度版权局一起构成了管理知识产权的组织框架（曹建如，2009）。2004年印度颁布了新的《专利法修正案》，2005年制定了新的《专利法》，大力保护软件和药品专利，允许运用化学过程生产的食品和药品取得专利。2007年，印度工业联合会（CII）成立了国家知识产权所有者委员会。同时，印度也对国内软件盗版和图书盗版进行严厉的打击。2005年至2006年，共有24505项专利申请，4320项被授予专利，

并且注册商标也达到 184325 项。2010 年，在专利合作条约体系下，从印度提交的国际申请达到 1285 件，并呈现逐年递增趋势。印度运用知识产权制度激励创新，在市场中赢得主动，例如在 IT 行业，全球十大信息技术公司都在印度设立了境外最大的研发中心。同时，为了适应当前国际知识产权制度发展趋势，推动国内经济发展和全球化进程，印度适时修改完善相关法律法规，并在始终坚持履行国际诺言的同时坚决维护国际利益（许钟元，2018）。

第五章 高技术企业开放式知识产权管理系统构建及分析

第一节 高技术企业开放式知识产权管理系统的特征

就知识产权的管理过程而言，相较一般企业，高技术企业的管理模式表现出较大的差异性，这种差异性归结于高技术企业的特点，主要体现在两个方面。(1) 知识密集性和智力密集性。高技术企业作为知识密集型和智力密集型企业，知识信息传播的速度更快、更广泛。此时知识信息不仅仅在组织内部进行传播，还通过特定媒介手段向组织外部其他成员传播，在组织成员学习的同时，也提升了企业对知识产权的运用能力和管理水平，使知识产权各个环节更为通畅、协调和有序，即在开放式的知识产权管理中，知识产权协同显得尤为重要。(2) 高风险性。高技术企业具有高风险性的特征。由于高技术企业相较于一般企业，从事的更多是科技上的新发明、新创造等技术商业化活动，不可避免地存在知识产权开发失败及市场转化困难的风险。此外，在知识信息传播过程中，极易发生核心知识信息扩散、泄露等问题，如果不建立起一个系统完善的知识产权管理系统，企业将难以适应复杂激烈的国内外竞争环境，难以得到更好、更快速的发展。因此，高技术企业开放式知识产权管理系统的构建与完善对高技术企业的长远发展具有深远的影响。

高技术企业开放式知识产权管理系统是对知识产权开发、知识产权保护、知识产权运营、知识产权协同进行全过程、全方位管理的系统整体。该系统通过各子系统之间的相互协调、相互促进、相互作用，实现企业的产权创新与技术革新，进而实现高技术企业的知识产权战略目标，提升并维持企业的竞争优势，实现企业健康可持续发展。中国高技术企业开放式知识产权管理系统的特征可以概括为七个方面。

1. 系统性与全局性

中国高技术企业开放式知识产权管理系统的系统性主要体现在通过知

识产权开发、知识产权保护、知识产权运营、知识产权协同四个子系统的相互作用、协作、影响，以及与内外部组织信息的交流与转移，实现高技术企业的发展目标和知识产权战略规划；全局性则体现在具体的知识产权管理过程中，高技术企业应以全局性、整体性、战略性的眼光明晰企业发展目标、内部优势与劣势、外部机会与威胁，全方位、多角度地筹划与谋略，实现企业的整体协同发展。

2. 时间性和空间性

知识产权贯穿于开放式知识产权管理系统的始末，由于知识产权具有时间性、空间性等的特征，知识产权管理系统也具有此方面特性。高技术企业开放式知识产权管理系统各子系统间的主体要素能够进行信息的自由交流、交换与转移，即体现在知识产权出现各种问题时，知识产权各子系统能够快速反应并做出相应调整，保障高技术企业知识产权战略目标的顺利实现。

3. 从属性

一般认为，高技术企业总体发展战略系统不仅包含知识产权管理，还包括高技术企业开放式知识产权管理系统、自主知识产权管理系统等。因此，高技术企业知识产权管理系统、自主知识产权管理系统的制定，不仅从系统本身出发，还应当从企业全局出发，即企业应根据企业总体发展战略，联结知识产权管理系统与其他系统相互协调、配合，提高企业市场竞争力，实现企业长远战略目标（杨莹，2009）。

4. 实用性

高技术企业开放式知识产权管理系统的构建与完善为高技术企业提升知识经济的可用性、企业的整体运行以及企业战略目标的实现提供更为有效的保障（王丽，2020）。知识产权管理系统深植于企业自身生产经营特点、外部市场竞争环境、企业总体战略目标，在知识产权相关法律制度的监督和指导下，开发、保护、协调和有效运营知识产权客体，致力于提升企业的市场竞争能力。因此，高技术企业开放式知识产权管理系统具有很强的实用性。

5. 开放性

高技术企业开放式知识产权管理系统的开放性是其可持续更新的必要条件。在内部，知识产权开发、知识产权保护、知识产权运营与知识产权协同子系统协同配合；对外部，知识产权管理系统与外界进行信息、技术等的交换，知识产权管理系统与内外环境存在着输入、输出的开放关系（刘希宋和于雪霞，2008）。在数字经济和科技创新一体化的趋势下，知识产权管理活动也日趋国际化，各国知识产权管理活动通过相互交融、协同发展，为知识产权管理系统的完善和发展塑造出新的外部环境。在此环境下，各国知识产权管理要素相互渗透、交叉融合，激活知识产权管理系统内部活力，促进知识产权管理系统的稳健发展。

6. 兼容性

高技术企业开放式知识产权管理系统不是一成不变的，具有开放性包容性的特征，即兼容性。兼容性的特征具体体现在：一方面高技术企业利用信息、技术等的交流、交换与转移，平衡内部应用与外部获取的关系，提升知识产权资源的优化配置水平；另一方面，在高技术企业对待知识产权的方针、策略与理念层面，能在坚守企业本身的同时最大限度地接纳其他组织的同质与非同质理念等。

7. 协同性

高技术企业知识产权管理系统的协同性主要体现在两个方面。（1）主体的协同性。知识产权管理系统主体的协同性是指在政府、企业、科研院所主体之间的协调作用。通过全方位、多元化、高层次的合作平台，加强科研院所与企业主体的信息沟通和协同合作，在加快科研机构知识产权产品化进程的同时，提高企业知识产权质量，拓宽知识产权商业化途径，提升企业的竞争优势。（2）内容的协同性。知识产权管理系统内容的协同性表现为知识产权开发、知识产权保护、知识产权运营三个子系统的相互协作与发展。其中，知识产权开发在整个知识产权管理系统中居于首位，是其他子系统得以开展的前提和基础；知识产权运营则是知识产权得以开发并最终实现商业化、市场化的手段；知识产权保护保障知识产权开发和知识产权运营得以正常运行，三者相互促进、共同发展（康鑫，2019）。

第二节　高技术企业开放式知识产权管理系统的构建原则

鉴于高技术企业具有知识密集性、智力密集性、人才密集性、高投入高创新性、高风险高收益性、高成长性等特征，高技术企业知识产权管理相较一般企业也表现出一定的特殊性。因此，在经济全球一体化趋势背景下，高技术企业应结合自身经营特点，通过构建高技术企业知识产权管理系统提升竞争优势，进而实现企业总体战略目标（康鑫，2019）。

1. 综合性原则

由于高技术企业开放式知识产权管理系统具有系统性、全局性、从属性等特征，知识产权管理系统的构建应站在企业总体发展战略层面，以全局性的眼光，对高技术企业内部知识产权管理同外部环境进行信息化交流，将企业总体战略管理与知识产权管理进行战略性整合，从而确保高技术企业开放式知识产权管理系统的综合性和完整性。

2. 开放性原则

高技术企业开放式知识产权管理系统是一种开放型的耗散结构系统，开放性是知识产权管理系统获得可持续更新发展的必要条件（刘希宋和于雪霞，2008）。因此，高技术企业开放式知识产权管理系统的构建应遵循开放性原则，使知识产权管理各子系统之间相互协作，促进企业内外部环境信息、技术、物质等的交流与转移，提升企业知识产权的管理水平。

3. 可操作性原则

可操作性是指构建的高技术企业开放式知识产权管理系统的运作效果能够被有效测量、分析、反馈。因此，知识产权管理系统在构建时应从企业总体发展战略的高度出发，结合高技术企业自身生产经营活动，通过建立科学有效的知识产权管理制度，确保各个子系统能够相互协调、良好运转，提高高技术企业对知识产权管理的管理水平（李颖，2008）。

4. 灵活性原则

高技术企业开放式知识产权管理系统不是一成不变的系统整体，而是站在企业总体发展战略目标、企业知识产权战略目标的角度，从整个行业环境背景出发，对国家颁布的各项知识产权法律制度分析、反馈并加以灵活运用而建立起来的独具特色的系统整体。

5. 持续发展原则

习近平总书记在党的十九大报告中指出，要"倡导创新文化，强化知识产权创造、保护、运用"。因此，高技术企业应当立足于企业总体战略，以实现企业战略目标为基础，着眼于提升企业知识产权核心能力，致力于协调企业内部知识产权资源与企业未来长远经营目标，构建可持续发展的知识产权管理系统（关健鑫，2008）。

第三节 中国高技术企业开放式知识产权管理系统影响因素分析

一、外部影响因素分析

（一）法律制度环境

知识经济作为一种智力经济，对高技术企业知识创新、技术创新的重要性日益凸显。而知识经济的健康发展离不开知识产权法律制度的发展。尚不完备的知识产权法律环境极易造成高技术企业短视行为，使知识产权管理系统难以发挥应有作用。健全完善的知识产权法律环境不仅有利于刺激企业从事知识产权创新的积极性、加快知识产权商业化与市场化进程，而且为建设创新型国家提供良好的制度保障（雷逸飞，2017）。

（二）社会经济环境

当前我国经济进入新常态，经济由高速增长阶段转向高质量发展阶段，这种经济环境的变化直接影响高技术企业的总体战略目标与未来发展方向，对依托于高技术企业的知识产权管理系统的构建产生重要影响。高度发达的社会经济水平通过激发高技术企业竞争活力，刺激企业知识创新和技术创新积极性，加快企业知识产权商业化与市场化进程，不单为高技术企业知识产权管理系统的创建与完善提供良好运作环境，更为我国国际竞争力的提升创造优良条件。

（三）外部知识产权环境

良好的知识产权环境是促进高技术企业创新发展的必要手段（梅倩倩，2016）。国际知识产权环境、国与国之间的关系往来、科学技术的先进性等均会对高技术企业知识产权管理系统的运行效果产生极其深远的影响。

二、内部影响因素分析

（一）知识产权开发影响因素

高技术企业知识产权开发是知识产权保护、知识产权运营的前提和基础,知识产权开发水平和能力在很大程度上决定企业在国内外市场中的竞争能力。而企业知识产权开发水平在很大程度上取决于企业前期资源投入、资源设备配置、知识技术人才储备量等因素的影响。R&D经费投入量的多少、硬件设备等配置的优劣影响企业知识产权开发能否有效开展;知识、信息、技术等的获取、风险因素的识别与应对、产品研发的周期与产出的数量等决定知识产权能否得到有效开发与产出(康鑫,2019)。

(二) 知识产权保护影响因素

随着信息化时代的到来,知识产权成为各国在诸多领域展开激烈竞争的战略手段。知识产权的保护问题成为各国关注的焦点问题。明晰知识产权保护的影响因素,是提升企业知识产权保护水平的前提要素。对外开放的一体化格局是影响知识产权保护的客观因素,国内外竞争的激烈环境促使我国进一步提升知识产权保护意识。高速发展的社会经济和政府的政策指向是影响知识产权保护的最重要因素,高速发展的社会经济激发企业创新的积极性,知识产权产品开发激增,但由于知识产权研发投入的大量性和高风险性,知识产权滥用现象频发,此时国家的政策指向就显得尤为重要,完善知识产权立法、平衡知识产权保护与防滥用对知识产权的保护具有极其深远的影响。企业这一知识产权保护的主体是影响知识产权保护的又一重要因素,企业内部知识产权协调与合作水平、监管水平、风险预警水平及风险处置水平等的高低决定了企业内部知识产权保护水平的优劣。

(三) 知识产权运营影响因素

企业对内外部资源的运用能力、企业知识产权运营模式、企业知识技术人才含量等均对知识产权的运营产生重要影响。一方面,在全球经济一体化时代,知识产权运营愈加充满复杂性和不确定性,企业能否突破知识产权组织边界,实现知识产权的跨组织流动和优化配置直接制约知识产权运营的发展。另一方面,对于企业通过内部开发或外部获取等途径取得的知识产权产品,是直接转让取得收益还是企业自身生产经营取得超额利润,均会对知识产权运营效果产生不同的影响。此外,知识产权运营的开展往往需要高技术人才的引领,知识技术人才的关系网络有利于吸收更多的专业人才,进一步提升高技术企业的管理水平(李黎明和刘海波,2014)。

(四) 知识产权协同影响因素

1. 企业领导层的支持

企业领导层的支持是基于协同创新的企业知识产权合作的前提与重要保障（李朝明和黄蕊，2016）。一方面，企业领导层的支持会进一步加大对知识产权研发与管理的投入力度，提升知识产权成果转化效率；另一方面，企业领导层的支持向市场传递吸纳高知识技术人才的意愿，与内外部广泛开展知识产权合作。

2. 政府的支持与引导

基于协同创新的知识产权合作需要政府在政策层面给予引导。一方面，政府通过制定相关的法律法规，可以为协同创新提供更为全面和细致的知识产权规则适用，促进形成良好的创新环境；另一方面，政府通过组织新的科技交流平台，加快信息的交换与转移，为协同创新提供良好的环境（佘力焓，2018）。

3. 相关法律法规的完善

政府应加强法律法规建设，完善知识产权保护体系，保障企业知识产权合作得以顺利进行（李晶晶和杨震宁，2012）。在基于协同创新的企业知识产权合作中，知识产权开发期保护问题、知识产权成果的归属问题一直是合作者关注的焦点（黄蕊，2015）。尽管我国合同法作出"除当事人另有约定的外，申请专利的权利属于合作开发的当事人共有"的规定，但现有法律法规在许多执行细节上仍有待完善。

4. 市场需求的带动力

在基于协同创新的知识产权合作中，市场的需求在一定程度上决定企业生产经营活动的重点方向，影响管理者对知识产权合作的支持力度，从而影响知识产权合作效果。

第四节　中国高技术企业开放式知识产权管理系统的框架模型

一、高技术企业开放式知识产权管理系统模型

中国高技术企业开放式知识产权活动包括知识产权开发、保护、运

营、协同,与此相应,中国高技术企业开放式知识产权管理系统具体划分为知识产权开发子系统、知识产权保护子系统、知识产权运营子系统及知识产权协同子系统。结合上述知识产权管理系统的构建原则及影响因素,高技术企业开放式知识产权管理系统模型如图 5-1 所示。

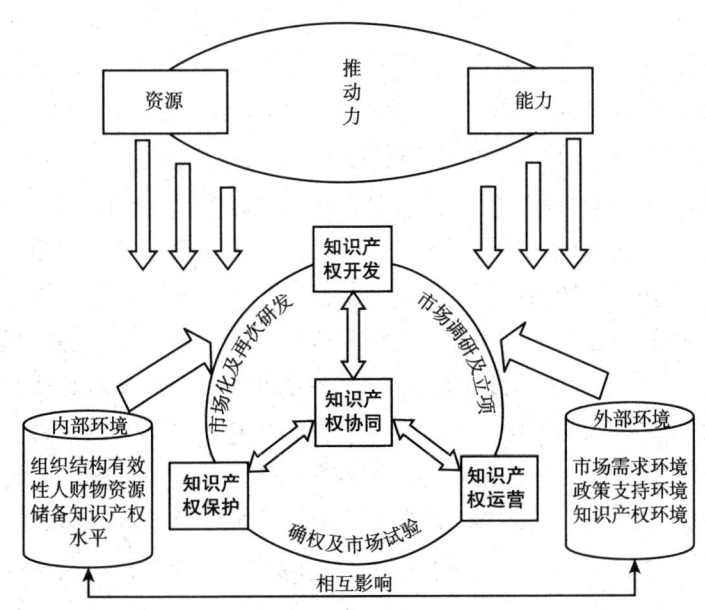

图 5-1 高技术企业开放式知识产权管理系统模型

二、高技术企业知识产权管理系统模型分析

高技术企业知识产权开发子系统主要是指对新产品、新工艺、新技术的研发系统,在整个知识产权管理系统中居于首位,是其他子系统得以开展和企业知识产权战略目标得以实现的前提和基础。知识产权开发子系统贯穿于前期资源投入到知识产权产出整个过程之中,是高技术企业立身之本、发展之源。高技术企业的经济实力在一定程度上决定企业对知识产权研发等高技术产品的资源投入和支持力度,而知识产权开发的不断创新、知识产权产品的不断产出又反作用于企业的经济能力,促进企业经济的持续健康发展。同时,知识产权开发能力在很大程度上反映高技术企业在国际市场环境中的竞争能力,企业的研发能力越强,知识产权成果得以转化为高质量产品的可能性越大,高技术企业越有可能适应国际商场环境的要

求,从而不断提升高技术企业的国际竞争能力。

高技术企业知识产权保护子系统主要是指对知识产权各类风险进行防范、预警及管理的系统,保障整个知识产权管理系统的有效运行。在企业知识产权保护子系统中,通过内外部信息的交流、交换与转移,对企业各类知识产权采取与之相适应的保护方针与保护措施,利用各子系统之间可以自由地进行信息流动与交换的特性,进而达到对整体系统进行风险防范、预警与管理效果。知识产权保护子系统具有开放性和进步性的特征,通过与外界信息的交流,知识产权保护子系统不断进行自我革新和改进,在原有保护机制的基础上,追求更高层次的知识产权保护目标。

高技术企业知识产权运营子系统是一个价值实现系统,侧重于推动知识产权商业化、市场化进程,提升企业品牌形象,实现企业知识产权的保值增值,提升企业的竞争优势,进而实现企业经济利益。知识产权运营子系统以要素最大化增值为目的,是整体系统的关键。高技术企业知识产权的运营通过多方面的操作,利用知识产权资本和市场资本的交易,使知识产权价值的最大化,进而提升高技术企业的经济利益,推动企业可持续发展(王冉,2018)。知识产权运营子系统具有包容性和运营形式的多样性等特征:一方面,要素通过跨组织流动与转移,实现知识产权价值,促使企业在竞争中得到发展;另一方面,是内部转化用以生产经营还是知识产权转让实现价值,不同运营模式的选择对知识产权运营效果产生不同影响。因此,高技术企业知识产权运营子系统对知识产权总体运用水平的上升具有极大的推动作用。

高技术企业知识产权协同子系统主要指统筹协调知识产权开发、知识产权保护、知识产权运营的协同管理系统。由于高技术企业具有知识密集性、智力密集性、人才密集性、高投入高创新性、高风险高收益性等特征,高技术企业亟须协同创新的知识产权发展。然而,相对于知识产权开发、保护、运营,知识产权协同的重要性在社会层面和企业组织层面却难以显现。

知识产权产品权利的归属以及收益分配的问题一直是各学者关注的焦点问题。因此,高技术企业在与外部组织进行知识产权合作之前,必须明晰上述问题的解决方式(韩朝亮和恒洋,2010)。对合作各方而言,不论是采用平均分配还是按劳分配的利益分配方式,在保证相对公平的同时,均会产生难以调和的弊端，平均分配的利益分配方式会在很大程度上挫伤企业创新与合作的积极性，而按劳分配的利益分配方式由于合作各方投入的知识、技术、人才资本等难以量化的资源而增加分配的难度。建立健全有效的利益分配机制，是高技术企业与外部组织展开有效合作和协同创新的必要条件。

高技术企业开放式知识产权管理系统是统筹协调知识产权开发子系统、知识产权保护子系统、知识产权运营子系统、知识产权协同子系统的整体管理系统。因此，各子系统内部与子系统之间的相互协调、相互促进、相互作用决定了整体知识产权管理系统的运行状态和运行效果。各子系统的良好运行，促进各主体要素在系统间进行信息、能量等的自由交流、交换与转移，从而推动整体知识产权管理系统不断向前发展，形成适应企业生产经营活动的稳定结构，提升企业对知识产权的优化配置与利用能力。高技术企业开放式知识产权管理系统不是一成不变的、僵硬的，而是具有开放性、包容性、适应性、进步性的协同发展系统，在内外部环境因素的影响下，知识产权管理系统随之不断地调整以适应环境变化、适应企业的生产经营活动。高技术企业开放式知识产权管理系统模型如图 5-1 所示：知识产权开发、知识产权保护、知识产权运营和知识产权协同处于同一知识产权周期，形成从知识产权开发到知识产权保护，再到知识产权的运营闭环，而知识产权协同贯穿始终，四者共同实现高技术企业的既定发展战略目标。

知识产权开发子系统在整个知识产权管理系统中居于首位，是其他子系统得以开展的前提和基础，是新产品、新工艺、新技术的孵化环节。市场调研、知识产权开发可行性分析、项目研发确权及市场试验构成一个完整的知识产权开发过程。若知识产权开发过程无法有序开展，知识产权保护、知识产权运营乃至知识产权协同也就无从谈起。同时，知识产权开发过程中涉及知识产权的协同及企业内部各部门的知识产权协同，以及企业技术联盟、具备良好合作关系的企业之间的协同。知识产权保护子系统是指对知识产权开发和知识产权运营过程中的各类风险进行防范、预警及管理的保障系统，企业亦需平衡知识产权保护和知识产权协同之间的关系，以协同代替保护、以协同促进保护。知识产权运营子系统是侧重于推动知识产权成果商业化、市场化进程的价值实现系统，企业知识产权运营也会涉及知识产权的协同，企业内部各子系统的协同发展是知识产权运营子系统实现高效合理运转的前提条件。知识产权协同子系统则融合于知识产权开发、保护、运营过程之中，致力于推动基于协同创新的知识产权合作进程，实现高技术企业整体知识产权战略目标。此外，高技术企业知识产权管理系统的推动力来源于前期资源的投入和各种知识产权能力（康鑫，2019）。

第六章　高技术企业开放式知识产权管理子系统分析

第一节　开发管理子系统分析

一、知识产权开发内涵

高技术企业开发知识产权并拥有自主知识产权是其实现高科技产品收益的必要需求，因而知识产权开发已然成为高技术企业战略管理的首要环节，也是高技术企业开放式知识产权管理的重要组成部分（耿丽辉，2008）。高技术企业双向推进技术的持续创新以及相应知识产权的开发是其占据行业领先地位的前提条件，不仅可以保持技术优势以取得垄断利润，还可以保障企业的长期收益。高技术企业知识产权开发内涵如图6-1所示。

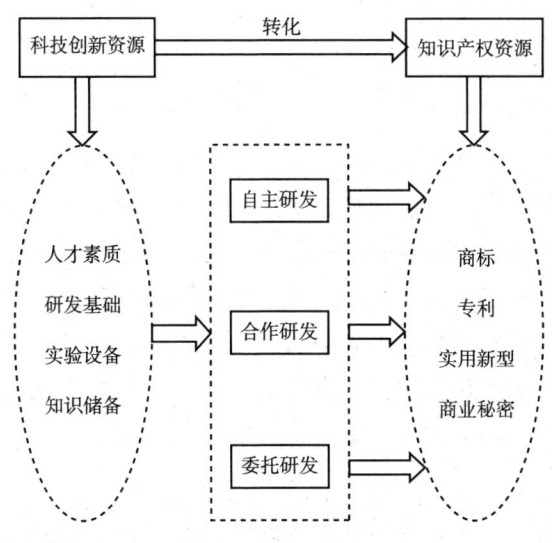

图6-1　高技术企业知识产权开发内涵

二、知识产权开发途径

知识产权开发是一项具有工商业标记的创造性智力成果产出活动，通过企业、科研机构及政府部门等进行人力及物力资源的投入而实现，知识产权开发管理以实现组织经营效益为目标，通过实施人、财、物的投入管理行为促进知识产权成果产出。

高技术企业知识产权开发的过程即为知识产权确权的过程，知识产权开发模式的选择涉及知识产权泄露、知识产权开发成果权利归属确认等诸多法律问题（李潭，2017）。因此高技术企业应结合自身科研实力、资源储备及经营目标等实际情况选择知识产权开发模式，进而确立符合自身发展要求的知识产权开发途径。高技术企业知识产权开发途径主要有三条。

（一）知识产权自主开发

知识产权自主开发是高技术企业通过自身的研发技术、科研实力进行的商业化研发以及应用研究成果或其他知识于某项计划或设计中，以实现新的或具有实质性改进的享有自主知识产权的材料、装置、产品等的生产（李潭，2017）。知识产权自主开发要求企业拥有雄厚的资源储备和科研实力，同时，自主开发知识产权能使企业独享其所开发的知识产权，可为企业带来巨额利润。

（二）知识产权合作开发

知识产权合作开发是高技术企业为了在研发过程中避免高额投入、抵御不确定性所带来的风险、缩短知识产权的研发周期、节约研发成本以及应对突发事件的威胁而同科研院所、高等院校、行业内部其他企业和政府等组织机构共同开发知识产权的过程。知识产权合作开发使科研实力较弱的高技术企业通过与不同组织机构的合作达到开发知识产权的目的，并以组织中利益分享和优势资源互补为前提基础，依赖于契约或者隐形契约的遵守以及一系列规则的约束（康鑫，2019）。

（三）知识产权委托开发

知识产权委托开发是高技术企业同科研院所签订委托协议并在知识产权开发过程中负责资金投入，科研院所负责科研，直至得出开发成果的开发方式（祁峰，2014）。采用此种开发方式需要特别注意委托协议中相关条款的约定，避免日后发生知识产权使用权和所有权纠纷事件。

第二节 保护管理子系统分析

一、知识产权保护的内涵

知识产权保护内涵包括两个层次：广义的知识产权保护是指依照相关法律法规对违法侵犯知识产权的行为进行遏制和打击的行为；狭义的知识产权保护是指通过司法和行政执法手段对知识产权进行保护的行为。高技术企业知识产权保护是企业为独享其高科技专利、实用新型、商标等专有高尖端知识成果的权利不受侵犯而实施的系统保护行为。知识产权保护行为的有效实施，在避免企业知识产权受到侵害的同时增加企业在产品技术上的核心竞争优势，有利于高技术企业整体进行知识产权战略的实施（黄洁，2011）。

高技术企业知识产权保护涉及的利益包括所有权和使用权，作为能够全方位保障知识产权在企业内部进行使用、交流及共享的安全的一项系统性工作，其根本目的在于通过采取知识产权保护手段平衡权利所有者与合作者之间的利益关系，维护企业的合法利益，加强知识产权的传播和扩散，防止侵权事件的发生（熊卫力，2020）。

二、知识产权保护步骤

知识产权保护管理的广义层次概念为根据相关法律法规和制度规章依法通过诉讼、制止、赔偿和打击等活动对知识产权侵犯行为进行管理；狭义层次概念为利用行政执法和司法手段对知识产权保护行为进行管理（康鑫，2019）。知识产权保护管理的有效实施，可使相关主体在产品技术领域和市场形成核心竞争优势，提高自身在行业中的价值地位。知识产权保护管理子系统主要包括知识产权保护的规则、知识产权保护的对象、知识产权保护的环节以及具体的保护方法。知识产权保护管理子系统的整体结构如图 6-2 所示。

一般而言，高技术企业进行基础知识产权保护的步骤，概括为三部分

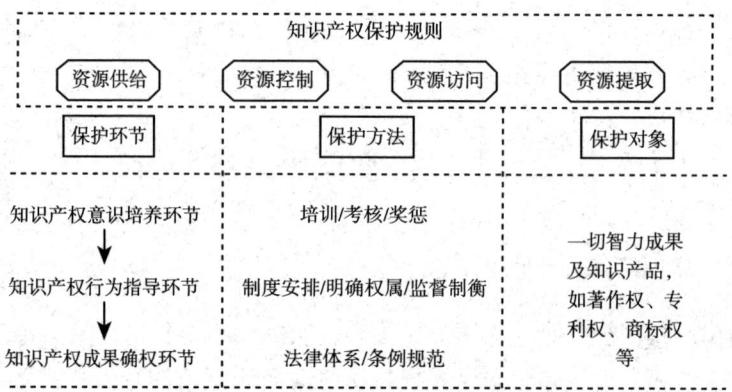

图 6-2　知识产权保护管理子系统结构

内容：高技术企业知识产权保护意识培养、知识产权信息检索和知识产权价值分配。

(一) 知识产权保护意识培养

现阶段知识产权保护难度较大的原因是高技术企业的知识产权保护意识相对淡薄，持续培养高技术企业的知识产权保护意识迫在眉睫（贺贵才和于永达，2011）。高技术企业知识产权保护意识淡薄表现在企业不知自身拥有利用相关法律法规维护本企业知识创新成果合法权益的权力，也存在某些知识产权法律意识薄弱的高技术企业在无意之间侵犯了其他组织的知识产权从而导致法律纠纷的情况。

(二) 知识产权信息检索

企业知识产权信息检索能够提升高技术企业知识产权开发起点并剔除不必要的重复劳动，在一定程度上避免了无意间侵犯其他组织知识产权情况的发生（吴凯等，2010）。高技术企业知识产权保护通过检索和掌握高技术领域及国内外高技术企业的相关知识产权信息进行落实（贾辰君，2015）。因此，通过建立知识产权信息情报检索查新制度进行知识产权信息情报检索成为中国高技术企业知识产权保护的基础要求。在知识产权信息运行过程中，高技术企业在保护自身知识产权不受侵犯的同时可以通过收集、整理相关信息密切关注相关技术领域的变化趋势，一旦企业符合申请专利的条件时，应立即申请知识产权并通过法律手段保护企业合法权益。

(三) 知识产权价值分配

高技术企业知识产权保护必须确定知识产权权力归属，在知识产权开发过程中，高技术企业通过与员工签订知识产权的归属合同，进而明确高技术企业对知识产权的所有权以及员工的职责和义务（王肃，2011）。利用企业物质资源和科技信息产出的知识产权成果以及员工的职务发明成果均归企业所有，高技术企业可通过具体分配知识产权价值有效避免人为造成的知识产权流失等问题。

三、知识产权保护策略模式

(一) 基本专利与从属专利策略

在新时期新形势背景下，中国高技术企业可以利用政府政策支持的优势采取收购、控股等手段形成规模效益。企业的高新技术研发可通过整合资源实施，当获取自主研发产品的成果时，应及时申请基本专利，以便企业在基本专利的基础上设置从属专利进而形成严密的专利网，在保护该项核心技术的同时可以有效避免其他企业损害自身权益（宋柏慧和王渊，2011）。中国高技术企业研发能力不足往往导致其获取基本专利比较困难，为清除高科技产品的上市障碍，企业可以借鉴国外先进经验运用交叉许可的方法在企业基本专利周围设置从属专利（任嘉嵩等，2011）。

(二) 商业秘密策略

商业秘密是指具有社会推广前景以及经济价值的不为其他组织或个人熟知且需经所有权人进行保密处理的知识产权信息和经营信息。商业秘密是决定高技术企业未来生存发展的重要战略资源，灵活运用商业秘密策略可以有效保护自身权力不受侵害（刘旭，2010）。商业秘密策略是中国高技术企业进行知识产权保护方式之一，其商业秘密主要涵盖了经过保密处理的知识产权信息和经营信息这两个关键要素，如企业销售策略、企业管理手段、商品供求情报及企业价值链的关键环节等企业经营信息，企业设计蓝图、产品核心配方及工艺流程等核心技术信息（熊永诚，2013）。

第三节 运营管理子系统分析

一、知识产权运营的内涵

知识产权运营是指知识产权所有者通过充分有效地利用知识产权推进知识产权的市场转化,为实现知识产权的经济效益与社会效益最大化所实施的各项工作的总称(吴树山和李焕焕,2012)。高技术企业的知识产权运营是一项投资大、回报周期长、风险性高的循环往复的全过程管理活动。知识产权能够为企业和消费者带来效用和效益的前提是通过商业化、市场化的运作转化为产业化的商品和服务。高技术企业应将知识产权运营作为其知识产权战略中重要组成部分,对知识产权的认知应从加强知识产权保护和提高防范侵权意识的浅层次逐步完善至提升知识产权运营能力的深层次。

二、知识产权运营的内容

知识产权运营是指知识产权拥有者通过知识产权商业化以期实现知识产权社会经济价值最大化及充分发挥其效用而实施的各项工作的总称。显而易见,知识产权是需具备市场价值并可在其进行成果转化后产生社会经济效益的市场机制的产物。知识产权运营管理是为推动知识产权市场交易而实施一系列措施并可根据相关政策实现经济与社会价值的过程,具体包括知识产权市场价值识别、知识产权市场价值评估和知识产权市场价值实现三个阶段。知识产权运营子系统的整体结构如图6-3所示。

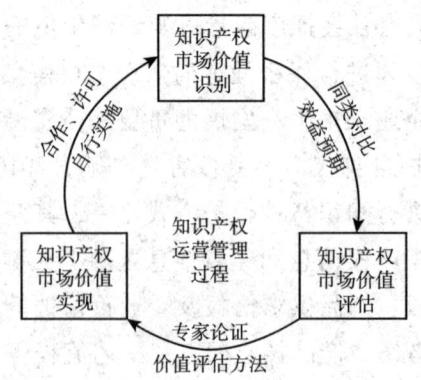

图6-3 知识产权运营子系统的整体结构

高技术企业知识产权运营的实质即通过企业无形资产的运作以体现知识产权的商业化及社会化价值，其内容主要包括制定财务目标、设置知识产权运营机构、选择知识产权运营模式及开展具体运营活动这四项内容。高技术企业的财务目标是其知识产权商业化、市场化运作最直接的体现，同时也决定了知识产权运作的成功与否。知识产权运营机构是知识产权运营的主体，高技术企业知识产权运营目标是通过知识产权运营机构对其内部的人力、物力、信息及知识等进行有效整合而实现的。知识产权运营模式是高技术企业采取具体知识产权运营方式以应对外部环境和自身发展目标变化和调整的方法，企业的资源分配及运营方案的选择取决于企业的运营模式，合理的运营模式可为企业知识产权的有效运营提供保障（唐颖和罗畅，2020）。开展具体知识产权运营活动属于狭义知识产权运营范畴，高技术企业在开展知识产权运营活动中所执行的具体运营方法决定了其运营活动能否顺利、高效地进行，这将直接影响最后的运营效果。

三、知识产权运营模式

（一）商品化运作模式

商品化运作模式是指企业完成知识产权开发后直接将其投入生产环节进行商品化转化，直至生产出新产品并投入市场销售的运营模式，这是高技术企业最常用的知识产权运营模式。商品化运作模式要求高技术企业投产前进行深入调研，并在资金、技术和设备的成熟条件下开发出具有广阔市场前景的知识产权，此种运营模式适用于知识产权战略预期完备且科研实力雄厚的高技术企业。

（二）专利池模式

专利池模式是指企业对所享的核心知识产权进行相应的外围技术开发并为其申请专利，明确法律效力以获得一系列专利权的运营模式。其中，核心知识产权是高技术企业为顺应国际前沿的技术与发展趋势，在保持科研水平的同时确保自身在行业中的竞争优势而开发出来的具有战略意义的知识产权，此项核心知识产权对于保护并协助高技术企业在相关技术及行业领域顺利发展具有至关重要的作用（张运生等，2020）。

由于中国高技术企业的科研能力参差不齐，应用专利池模式时需要在同企业长期知识产权战略规划相协调的前提下发掘适合本企业知识产权运营的侧重方向。科研实力强且拥有雄厚知识产权开发能力的高技术企业应将专利池的完善作为运营重点；科研实力薄弱的高技术企业应想方设法找出竞争对手的专利空白并阻止其完整专利池的形成，进而形成自身的竞争优势。

（三）知识产权有偿转让模式

高技术企业知识产权有偿转让包括出售知识产权的所有权获取资金收益以及出让知识产权的使用权这两种方式，有偿转让的重点是对于自身拥有的关键性技术应完全掌握其核心知识产权的控制权。

具有雄厚科研能力及资金实力的高技术企业往往同时拥有多项知识产权，但由于企业自身的精力有限，导致这些知识产权不能全部进行有效的商业转化，因而在确保企业整体知识产权战略和未来发展规划不受破坏的前提下，可以将多余的知识产权进行转让。拥有知识产权的数量较少且亟须资金进行新技术开发的高技术企业为实现资金周转、扭转现有不利形势，可以采取知识产权使用权转让的方式推进知识产权商业化运作。

（四）交叉许可模式

交叉许可运营模式是指企业在难以开发出具有交替复杂特点的所有相关新技术并形成自有产权的情况下，其他高技术企业的已有专利妨碍了本企业具有前景的优秀专利的开发及生产运营时所采用的运营模式。

交叉许可的实质是企业以自身享有的专利等知识产权与其他企业的知识产权使用权进行交换的运营模式，此种运营模式普遍应用于国外高技术企业间，这些企业运用交叉许可模式作为双方知识产权的合作战略，进而达到避免知识产权纠纷的目的（王振阳，2014）。随着高端技术领域的竞争日益激烈，国内高技术企业可运用交叉许可运营模式在其内部建立技术联盟，采取相关法律手段维护企业自身的利益。

（五）知识产权托管

知识产权托管运营模式是指当将法律、经济、科技等多领域复杂问题相融合所形成的现代企业知识产权运营需要知识产权方面的专业人士参与，而导致一些高技术企业难以在短时间内组建出一支高素质的知识产权运营队伍从而直接影响知识产权的运营效率时所采取的运营模式。

知识产权托管是高技术企业全权将已享有的知识产权委托给知识产权服务机构的一种运营模式，服务机构为高技术企业提供协助制定与实施知识产权战略、运营知识产权资本、辅助自主开发知识产权、培训企业人员等专业性的知识产权服务工作（康鑫，2019）。

第四节　协同管理子系统分析

协同是从整体宏观角度出发，通过系统中各子系统及其主体要素间的相互互动、相互合作和相互协调所形成的能够产生时空结构及有序状态的功能性自组织结构。协同在表示系统内子系统与其主体要素间协调同步的联合集体行为的同时，体现了系统关联的整体性，复杂系统中的协同既保障了各子系统及其主体要素间的和谐同步发展，又维持了系统有序稳定的状态（叶伟巍等，2014）。

知识产权协同系统是一种以自组织方式形成的在空间与时间维度上开放且具备有序功能结构的系统，并在"诊断—修正—完善—再诊断"这一循环往复行为的基础上形成动态整体，系统内部要素间的相互关联与互动耦合关系受此循环前三个阶段的时间长短及效率高低的影响。综上所述，本研究对知识产权协同子系统的内涵界定为：知识产权开发管理、运营管理和保护管理子系统及其各主体要素、内外部环境和条件所产生的相互关联、相互影响、相互作用等信息能量交换关系；这种相似的关系促使各主体要素的行为进一步优化，有助于系统内部主体要素、子系统和系统与外部间形成互动耦合、共生协调演进的发展状态。

因受主体行为关系和内外部环境条件的影响，上述所有相关关系并非保持不变，而是在整体上呈现出一种动态的协同发展关系。不仅如此，系统发展形成非协同矛盾的情况时常出现在知识产权管理系统中子系统及构成主体要素之间、系统整体和子系统与外界环境间的互动关系中。因此，为保证知识产权管理系统内部要素间的长期协调关系，应持续修正并协调系统运行内在机制中各要素的关系，在保证充分发挥系统中各部分功能的同时，促使系统整体与各个子系统间的一致性发展，最终发挥出知识产权各系统独立管理时所无法实现的最佳效应。

综上所述，高技术企业知识产权协同包括两方面内容：通过激励、奖惩制度等管理方式使高技术企业内部各部门之间员工通力合作，以实现企业既定知识产权目标；在高技术企业之间开展合作创新、接力创新等。提高知识产权科研能力、快速形成市场竞争优势是在中国高技术企业现有的科技资源有限的前提下知识产权协同开发与运作的有效途径，但实际应用知识产权协同时往往因合作双方无法就知识产权归属及利用问题的解决方案达成共识而未能达成合作，甚至因此引发知识产权纠纷直接导致合作关系破裂（黄国群，2014）。

知识产权协同作为开放式知识产权管理体系的核心，可将知识产权协同过程中存在的困境总结为三点。一是知识产权理念方面的困境，由于一些具有协作开发潜力的企业因受对知识产权固有认识的限制而担心无法开展知识产权实质性协作的问题，这些企业通常缺少知识产权协同管理能力且过分重视知识产权的独占性、排他性使用，导致具有合作创新潜力的双方不能达成合作意向（李潭，2016）。二是受知识产权协同双方的知识产权管理水平高低不同的制约，通常难以形成有效的激励机制和约束机制兼顾合作双方的利益，无法保证过程管理的有效性，导致预期成果实现的可能性变小。三是受协同管理理念、方法及合作双方利益需求差异等因素的制约，知识产权协同合作双方通常因彼此间缺乏最基本的信任而对涉及知识产权保密、保护、运用、创造、转换等众多环节采取签订合同的方式维护自身利益，导致合作交易成本过高，进而影响知识产权协同效果。

综合考虑理想条件下的高技术企业特征及地位，明确知识产权协同管理体系应实现两点、三面的协同，具体如图6-4所示。

两点是指高技术企业通过技术协同和知识协同，运用内部各个部门不同职能（如开发技术能力、资源整合能力和知识管理能力），来提高知识产权开发、运营和保护效率，并实现资源优化配置；与此同时，高技术企业之间可以采用联盟或合作等方式，在市场机制协同作用下形成良性互动，继而提高知识产权协同度。

三面是指核心高技术企业与其合作的关联企业之间应共享科技创新资源，进行研发合作，提高创新效率；在政府引导作用下，核心高技术企业与知识产权支持方（高校、科研院所）也要加强合作，提升创新质量。在创新成果通过市场机制协同形成后，应公平合理分配与共享所获成果。最终，企业内部及相关企业之间在创新过程中通过有机结合各参与主体的科技基础、充分有效利用创新资源以及顺利转移知识与技术实现创新源头的统一规划，进而保证协同各方在既有分工又密切协同的基础上形成一批拥有自主知识产权的核心技术（康鑫，2019）。

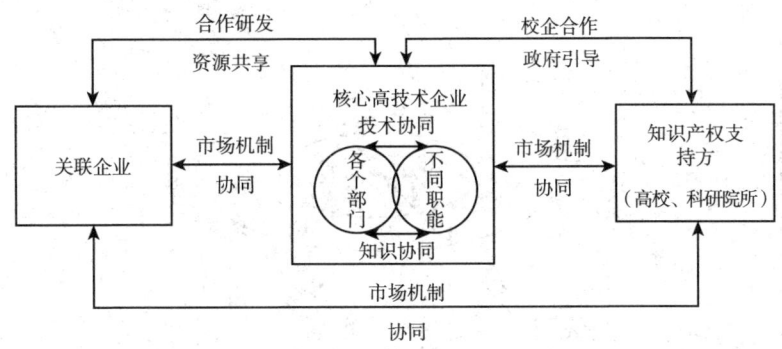

图6-4　高技术企业知识产权协同理想结构

第五节　知识产权管理系统协同发展的概念模型

通过梳理知识产权管理系统协同发展相关基础理论可知，企业、科研院所、高校和政府等主体在利益目标驱使及内外环境诱导下逐渐开始参加知识产权活动，使其知识产权管理系统初具雏形；在自组织机制作用下，知识产权协同度往往与知识产权发展度相适应，从而构成三个阶段的生命周期：低发展度与低协同度，中发展度与中协同度，高发展度与高协同度；内部子系统的组织架构和战略行为支撑着子系统向协同主体发展并达到高协同度，引起了知识产权管理系统内部结构发生变化，呈现出一种由低到高的发展和协同状态。通过上述分析可知，知识产权管理系统的发展过程是一个在利益目标驱动、各利益主体共同参与、主体要素耦合互动、相互协调和内外部环境能量交换等多重力量的作用下，系统进行循序渐进式协同发展的自组织过程。知识产权管理系统协同发展概念模型如图6-5所示。

综上所述，要通过"认识问题—分析问题—诊断反馈"的研究模板，逐步对知识产权管理系统协同发展的原理依据、基础动因、内在过程和结果诊断及反馈等具体内容进行深入剖析，以解决知识产权管理系统协同发展问题（康鑫，2019）。

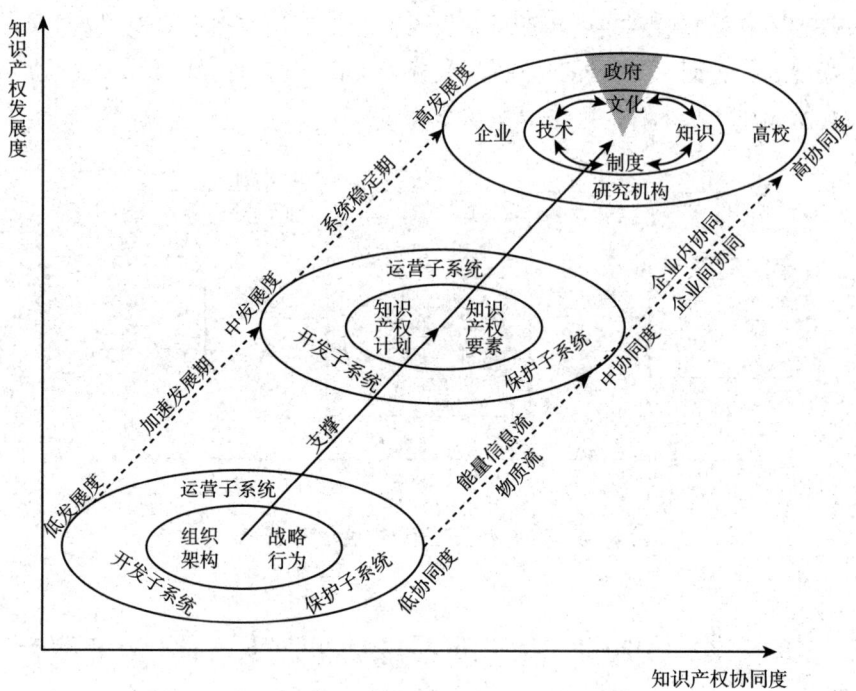

图6-5 开放式知识产权管理系统协同发展概念模型

第三篇

高技术企业开放式知识产权管理系统运行机制及管理绩效评价

第七章 高技术企业开放式知识产权管理系统运行机制分析

第一节 总系统运行机制

知识产权管理系统的运行要能够强化管理机制,使得管理功能得到最大应用,有效运用知识产权管理系统,最大程度地发挥其效用,完成高技术企业各项知识产权的管理活动(黄国群,2011)。系统整体能够在各子系统之间的非线性作用关系下持续向更高级的有序状态演进,进而形成高技术企业知识产权管理在最优配置状态下的平衡稳定结构(周明和李宗植,2011)。

高技术企业知识产权管理系统具有完整的组织结构,其内部各子系统在相互依存的同时各自发挥着至关重要的作用,高技术企业知识产权管理系统运行机制的原理如图7-1所示。

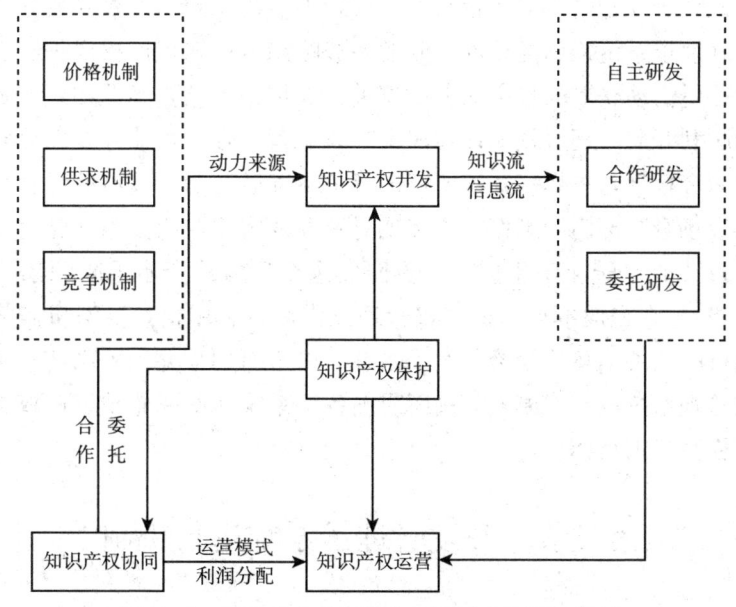

图7-1 高技术企业知识产权管理系统运行机制

高技术企业知识产权开发是企业维持正常运转、生存和发展的基础与前提，价格机制、供求机制与竞争机制为知识产权开发提供动力。如果知识产权开发过程无法持续、健康地运转，知识产权保护与运营是无法正常进行的。在一个生产周期内，知识产权开发需要经历市场调研、知识产权开发可行性分析、项目研发和确权及市场试验等过程，以为技术研发收集足够的信息，保持知识产权管理系统正常运营。其中技术研发包括自主研发、合作研发与委托研发。知识产权保护的责任是对知识产权开发与运营过程的全程监督、控制与保护，知识产权协同则会贯穿知识产权开发、保护和运营的全过程（康鑫，2019）。

高技术企业知识产权分工协作、接力创新已成为解决企业科技资源分散、个体创新能力不足、科技成果与实际需求脱节等问题的关键因素。高技术企业通过实施有效的激励行为以充分激发组织成员的工作热情，并大幅度提高各子系统的运行效率，同时需要约束机制对企业自治和自我监督持续进行规范，提升知识产权管理系统适应能力和生命力，确保高技术企业知识产权目标的顺利实现。

知识产权开发从价格机制、供求机制以及竞争机制中获取源源不断的动力。高技术企业知识产权管理系统在三者共同作用下平稳运行：从知识产权开发系统开始进行第一轮知识产权管理活动，知识产权开发计划由知识产权开发子系统依据高技术企业发展战略制定；知识产权保护子系统将持续对科研活动获取的自主知识产权进行保护，不仅要确保知识产权运营工作的顺利开展，还应预测评估知识产权运营过程中可能存在的风险，并调节知识产权运营工作；知识产权运营子系统通过制定具体的经营目标及落实各市场经营部门的工作，以实现对新开发知识产权的市场化运作，不但能将科技成果转化为生产力，更能促进企业后续资本不断积累（侯曼等，2018）。在完成本轮知识产权管理工作后，利用信息反馈机制将各子系统运行的相关信息反馈给开发子系统，以不断加强并完善高技术企业知识产权管理系统的工作模式，进而明确各子系统在新一轮知识产权管理活动中的更高追求目标。

第二节　开发管理子系统运行机制

高技术企业知识产权开发子系统需要一定的动力驱动、刺激和加速系统的运行,而并非能够自主运行。高技术企业的某些内部作用因素以有形资产和无形资产作为刺激因素,促使其自发改进并完善知识产权开发子系统;高技术企业的某些外部动力因素来源于其外部环境,通过多方面推动高技术企业的知识产权开发,进而形成更具适应性和发展性的知识产权开发子系统。上述这些因素以相互作用的方式共同驱动高技术企业知识产权的开发。

一、高技术企业知识产权开发子系统运行机制要素分析

由于高技术企业的知识产权开发活动具有投入高、风险高、收入高的特点,使得其创新活动频繁、创造能力较强,因而与传统企业相比有所不同。知识产权的开发是整个知识产权生产环节的第一步,也是最重要的一步,高技术企业整体经营目标的实现取决于开发工作能否顺利进行并获取应有的效果。通过对高技术企业知识产权开发子系统的动力机制、相互关系以及动力作用和驱动方式进行研究,促使高技术企业采取相关措施尽可能放大这些动力,以便激励其积极推进知识产权开发工作,进而提升并优化中国高技术企业的整体知识产权开发水平,有助于提高国家综合国力及核心竞争力。

(一) 高技术企业外部动力因素分析

1. 国际因素

我国市场持续保持对外开放的状态,由于良好的国际经济环境具备促进外贸出口、便于吸引外投入资及增加就业机会等优势,在对我国高技术企业的生产经营产生深远影响的同时刺激市场需求的增加,导致高技术企业因此积极开发知识产权,以期占领市场获取更高的经济效益。发达国家知识产权水平对我国高技术企业知识产权开发空间产生制约的同时,也为我国高技术企业创新研发自主知识产权提供了技术支撑及经验借鉴,有助于我国在知识产权开发的良性道路上顺利发展(Olena et al., 2016);良好的国际关系有利于我国高技术企业模仿、学习及改进国外已有的顶尖技术,进而提升我国知识产权的开发能力与效率。

2. 国内因素

国家的科学技术发展状况受国内生产力的直接制约,国家高技术企业的发展亦随之受到影响。高度发达的生产力水平所提供的良好经济技术环

境有助于高技术企业进行知识产权开发以及技术的创新与孵化,不仅较大程度缩短高技术企业知识产权开发周期,还能提升企业的开发能力。国家发展战略是国家意志的体现,决定了一个国家的未来,也是国家发展的关键。为调动国内高技术企业开发知识产权的积极性,国家应将其发展战略定位为科教兴国,通过施行知识产权战略提高国家科学技术水平。中国的政府补贴对企业创新效率总体呈现激励效应,随着政府补贴的增加,企业创新效率也在不断上升。因此,高技术企业可充分利用政策倾斜直接获取政府的优厚待遇或者行业优惠政策,以此调动高技术企业进行知识产权开发活动的积极性(张帆和孙薇,2018)。高技术企业从事知识产权开发活动最主要的动力即为市场竞争,价格机制和供求机制利用知识产权的优势攫取超额利润,促使高技术企业为降低产品的成本而积极从事知识产权开发及技术创新,因此称市场竞争为高技术企业知识产权开发的原动力。高技术企业与劳动力受教育水平的关系相对于传统企业而言更为密切,研发人员的个人素质对高技术企业知识产权开发活动具有重要影响,同时,研发人员的个人素质又与受教育水平紧密相连,由此可见,劳动力受教育水平也是高技术企业知识产权开发的动力。

(二)高技术企业内部动力因素分析

1. 企业经营目标

企业经营目标分为长期目标和短期目标,最终经营目标是实现企业的利润最大化,高技术企业可充分利用自身形成的技术与知识产权优势获取高额利润,正因如此,高技术企业会自发地进行科研创新以推动知识产权开发活动,进而不断追求企业既定的利润目标并将利润最大化(张妍,2019)。

2. 企业家精神

企业家精神以创新、冒险、合作、敬业、学习、执着与诚信为精粹并集合企业家的精神和技巧等特质,企业家精神是高技术企业从事知识产权开发的主要动力之一。研究显示,创新型企业家具有自信、坚持、精力旺盛以及不畏风险等共同特征,他们通常兼任具有较大决策自主权的职位,有助于在组织中引入并推行组织创新。

3. 企业文化

优秀的高技术企业注重员工创造力的培养,有助于企业形成鼓励创造、包容失败的独特企业文化,通过鼓励发散性思维和集思广益的方式,多方位潜移默化,使员工为实现企业经营目标提供辅助(张苗苗,2020)。

4. 企业组织结构

良好的企业组织结构对驱动高技术企业知识产权开发具有至关重要的作用。专业化、正规化和集权化程度较低的灵活有机的组织结构能够提升企业的应变能力和跨职能工作能力,对知识产权开发产生正面影响,同时有利于企业创新的发动与实施。

5. 研发人员水平

充足的人才资源是高技术企业开展组织创新的保障,研发人才的知识技能、思维模型和个人魅力在高技术企业知识创新过程中发挥耦合权力和知识的作用,同时职业生涯设计为鼓励员工成为创新能手而提供了工作保障,激发专业研发人员认识创新、热爱创新和积极创新的态度,从而推动创新知识的探索和挖掘(周景坤等,2020)。新思想的产生会引导创新者的热情,主动将新思想升华并克服一切障碍以确保组织创新方案顺利推进。

6. 企业内部激励状况

企业内部激励是指激励企业内部有机体不断追求企业既定目标的行为,其实质即为满足企业自身需求将需要、动力、目标三个互相影响、相互依存的要素衔接起来,在企业内外部动力的驱动下全力实现企业经营目标的过程。健全的企业内部激励能够将动力不断提供给高技术企业知识产权开发子系统,激发研发人员在自身能力的基础上产生额外绩效(陈敏,2015)。

二、高技术企业知识产权开发子系统机制模型

高技术企业知识产权开发是企业增提知识产权战略的源头,是高技术企业得以生存和发展的前提和主要经营内容,是高技术企业核心竞争力培育的关键环节。高技术企业从事知识产权开发的关键动力来源于知识产权开发的内部动力,知识产权开发的外部动力则通过吸收、驱动、转化等过程强化内部动力,发挥其动力效能。两者共同推进高技术企业知识产权开发活动(于丽艳,2017)。

企业经营目标作为高技术企业在知识产权开发的整个过程中最为关键的驱动因素，激励着高技术企业奋起创新，在提高自身科技水平的同时开发出符合市场需求的知识产权产品，进而获取超额利润，实现企业利润最大化这一终极经营目标。

在外部动力中，市场竞争环境能激发企业产生危机意识和知识产权开发欲望。一方面，外部的市场竞争环境通过提高企业的危机意识加快其发展进程，促使高技术企业对其内部组织结构进行优化，完善激励保障机制并形成符合企业自身的文化或理念，有利于加强高技术企业内部沟通，激发员工工作热情，提高工作效率，最终形成市场竞争优势。另一方面，当前国家发展战略的实施与调整取决于市场竞争环境的变化，随着知识经济时代的到来，国际市场的竞争与日俱增，我国为在激烈的竞争环境中取得先机实施了科技强国、科教兴国的发展战略，高技术企业在相应政策倾斜和政府扶持下加快推进知识产权开发活动（孙冰，2007）。

国家的生产力状况是高技术企业知识产权开发动力机制中至关重要的一环，生产力发展水平影响国家发展的重心并决定国家劳动力的受教育程度，劳动力受教育程度又决定了高技术企业研发人员的整体素质。简而言之，国家生产力状况决定了高技术企业知识产权开发能力，高度发达的生产力能够较大程度地推动高技术企业从事知识产权开发（赵东红，2009）。

高技术企业的内部激励能够持续不断地为高技术企业知识产权开发注入新鲜血液，因为员工对企业的发展有着举足轻重的作用，高技术企业的创新效率、创新成果取决于员工的工作效率、工作成果。企业的内部激励制度通过实施相应的精神和物质方面的奖励激励员工努力靠近企业目标，从而提升企业的整体竞争优势及创新能力（陈敏，2015）。高技术企业在创新实践中形成的独特企业文化在得到企业员工的普遍认可后通过辐射作用影响其价值观和世界观并驱动全体员工齐心协力投身于知识产权开发，即高技术企业优秀知识产权开发文化的形成会源源不断地产生效果，进而推动高技术企业的知识产权开发。

知识产权开发动力机制是通过高技术企业与国际关系、发达国家知识产权水平、知识产权环境以及国际整体经济状况在宏观环境中相互作用而构成的，我国高技术企业知识产权开发的侧重方向与发达国家知识产权水平及国际整体知识产权环境密切相关，国际知识产权环境为我国制定知识产权战略提供重要依据（吴凯等，2010）。我国与知识产权高度发达国家之间的关系极大地影响了我国高技术企业知识产权未来的发展趋势和走向，良好的国际关系不仅能够缓解我国高技术企业在知识产权开发中面临的压力，还能有效推进知识产权开发工作的进行；国际整体经济状况在改变市场竞争格局的同时对我国的战略重心乃至国内企业产生了深远影响，国际经济环境的复苏为国际交流合作提供了便利的平台，有助于我国高技术企业参考和借鉴发达国家知识产权研发成果，推动我国高技术企业知识产权开发目标的实现。高技术企业知识产权开发动力机制的运作过程如图7-2所示。

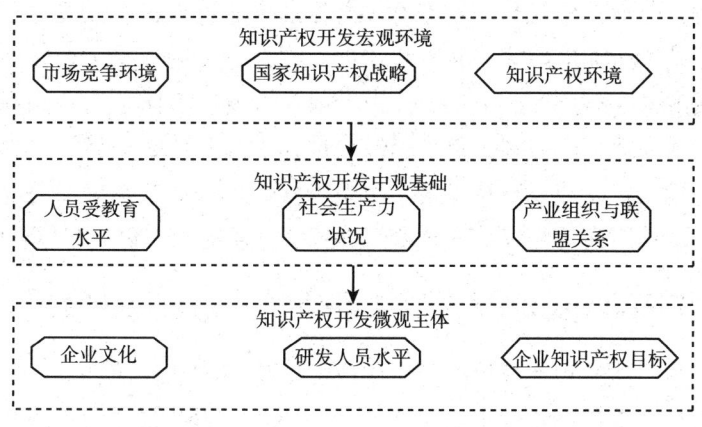

图7-2 高技术企业知识产权开发子系统机制模型

三、高技术企业知识产权开发子系统运行机制

根据图7-2所示，在我国高技术企业知识产权开发子系统作用机制中，市场竞争环境是高技术企业的知识产权开发的主要动力；企业文化通过影响研发人员的行为表现，对高技术企业的知识产权开发产生间接推动的效应（洪勇和吴勇，2011）。国家知识产权战略围绕着营造有利于创新的制度环境和市场环境、激励企业进行创新活动、处罚企业侵犯知识产权的行为三个重点展开，推动了高技术企业的创新活动的开展，通过提高高技术企业知识产权的侵权违法成本有效保护企业的创新成果（鲍宗客等，2020）；生产力状况决定了劳动力受教育水平并直接影响了研发水平，间接作用于高技术企业知识产权开发；企业文化也是高技术企业知识产权开

发的关键,在行业竞争趋势愈加激烈的今天,企业文化建设不仅有助于企业树立正确的竞争意识,还有利于提高企业核心竞争力与员工凝聚力,是高技术企业发展过程中必不可少的因素(张苗苗,2020)。图7-2中各方面因素综合对高技术企业知识产权开发发挥着多种作用,推动着企业知识产权工作的进步,多种因素的存在也为高技术企业知识产权的创新提供了更多的激励渠道,为高技术企业的发展增添动力。

第三节 保护管理子系统运行机制

为提升企业的应变与创新能力,高技术企业可以最大限度地利用群体智慧,高技术企业应在知识共享和知识产权保护之间保持平衡,一方面应在信息资源共享过程中避免核心知识产权的泄露,以防止自身知识产权受到侵犯;另一方面,应在知识产权保护过程中与其他组织就深层次知识创新合作问题加强交流。高技术企业知识产权保护子系统在确保自身知识产权的安全的同时还需为高技术企业间进行安全便捷的知识交流提供保障。

一、高技术企业知识产权协同与保护子系统运行机制要素分析

高技术企业知识产权保护是一项确保知识产权在交流和共享过程中时刻处于安全状态的系统性工作,是高技术企业知识产权风险管理中至关重要的环节,关系到知识产权出让方与接收方双方的共同利益。基于风险管理的高技术企业知识产权保护子系统包括知识产权监控和管理、风险和危机预警、知识产权协调与合作子以及知识产权危机处置四个构成要素。

(一)知识产权监控

知识产权监控作为高技术企业知识产权保护子系统的保护屏障,其监控内容包含了动态知识和静态知识。动态知识具体包含共享、学习、创新等环节,静态知识具体包含数据、信息等内容。健全、健康和有效的知识产权监控有助于高技术企业的资产监控(鲍新中等,2016)。健全性是指高技术企业知识产权的监控范围包含知识产权管理的全部内容,通过监管部门的明确分工使成员各司其职,确保企业内部及时进行有效的沟通以避免出现监控盲区;健康性是指监管部门认真履行职责,为实行公开、透明及高效的监管工作提供保障;有效性是指高技术企业的在知识创新与企业

之间信息沟通程度相符的基础上依据实际情况选择知识产权的监管模式及职能分工，避免企业过严或过松的监管导致损失的发生（康鑫，2019）。

（二）知识产权协调与合作

知识产权协调与合作为高技术企业与其他企业在知识与信息共享过程中的安全问题提供保障，协调知识联盟中知识共享的同质性与共同性是知识产权协调与合作的核心内容（王斌和郭清琳，2019）。高技术企业与其他企业组织之间的沟通交流分为企业在价值链中与上游供应企业和下游分销企业间的纵向联系以及企业与处于价值链相同层次的其他企业发生的横向联系，上述两种联系方式与知识产权的协调与合作密切相关。

（三）知识产权风险预警

知识产权风险预警是指高技术企业在评估内外部知识管理过程中存在的知识扩散风险性，并针对可能出现的知识产权问题进行预警，其预警范围包括对外知识产权纠纷和企业自有知识产权保护两种。

（四）知识产权危机处置

知识产权危机处置是处理将发生或已发生的知识产权纠纷，通过与知识产权风险预警子系统进行联结，设置相关指示临界线，依据预警级别设置与其对应的处置预案，当触及知识产权预警临界线后即启动相应的处置预案，争取将处于萌芽状态的知识产权纠纷快速解决，避免产生后患。

知识产权监控对高技术企业知识产权保护子系统运行状况进行监测及调控，故在子系统中处于统领地位，知识产权协调与合作是系统运行的主体，同时也是被监控对象主体。当监控主体运行状况触及所设定的阈值时，对知识产权监控发出预警信息，系统根据预警级别启动相应的处置方案以进行知识产权危机处置。高技术企业在知识共享过程中的各个要素相互依存、相互关联，从而对知识产权实施有效保护。

二、高技术企业知识产权保护子系统机制模型

高技术企业知识产权保护子系统中各构成要素功能的发挥与各要素间的协同情况决定了子系统能否有效运行，高技术企业知识产权保护子系统机制模型的建立能够引导实施主体跨越组织限制，通过借助各自在监控、

协作、预警、处置等方面的特有资源优势实现相互协调与配合，推动整个保护子系统协调有序地运行。各要素间的非线性相互作用通过引导知识产权保护子系统不断向更高级的有序状态演进，促使企业知识产权达到平衡稳定的最优配置状态（王斌和郭清琳，2019）。

高技术企业知识产权保护子系统是一套内部各组成部分均发挥关键作用且各构成要素相互依存的完整组织结构，通过协同机制推动系统目标的实现。高技术企业知识产权保护子系统运行机制模型如图7-3所示。

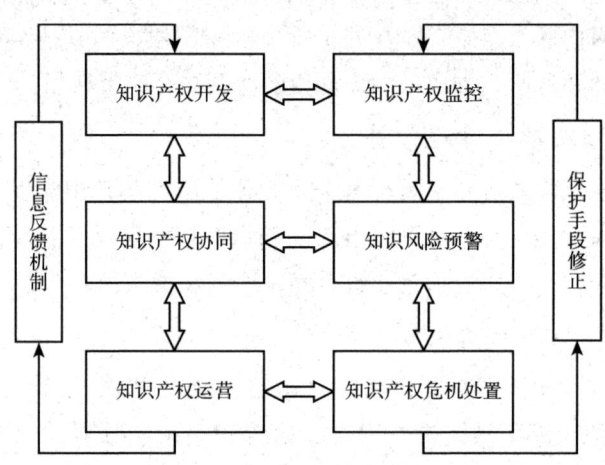

图7-3 高技术企业知识产权保护子系统运行机制模型

三、高技术企业知识产权保护与协同子系统运行机制

高技术企业知识产权保护与协同子系统内部各个组成要素间的相互关联类似于飞机部件间的相互作用。知识产权监控是机首，其通过监管知识产权保护全局及实施整体保护战略，为子系统的不断优化提供引导、政策、技术及服务等保障。知识产权协调与合作是机身，作为联结贯穿知识产权保护各个部分的重要系统，通过处理企业间知识产权问题及权衡企业内部各部门知识产权相关事宜，确保高技术企业整体知识产权保护的顺利实施。知识产权风险预警是机翼，在保护自有知识产权的同时预判可能对其他企业造成侵权行为，从根源上避免因知识交流不确定性导致的自有知识产权泄露问题（王丽，2020）；为防止因战略失当而对其他企业构成侵权行为，还要对企业的知识产权战略进行风险评估与预警，使知识产权风险

预警能够保持知识产权保护系统的平稳运行。知识产权危机处置是尾翼，接受风险预警子系统发出的危机预警后应立即根据预警等级启动相应的处置预案，及时修正错误并调整偏差，正确引导知识产权保护子系统运行的方向，确保高技术企业知识产权保护子系统准确有序运行（唐智芳，2020）。

高技术企业知识产权保护与协同子系统作为开放系统，需同以市场竞争环境为主的外部环境持续进行物质与信息的交流（沈莹，2010）。我国的高技术企业在市场机制的驱动下通过不断提高自身技术创新水平及知识产权管理水平以占据有利的市场地位并创造超额利润；另外，利用科技信息共享和知识技能互补改善自身经营理念和科技水平，有利于企业在巩固原有市场地位的基础上增强核心竞争力。上述两方面原因推动高技术企业与其他企业间共享信息资源并互补相关能力。高技术企业知识产权保护与协同子系统通过高技术企业知识产权协调与合作，作用于知识共享的关联企业，高技术企业间知识产权协调与合作系统依据不同的对象采取不同的知识产权保护策略和协作方式，并将相关信息传输到其他构成模块，知识产权风险预警在接收到信息后即对合作项目进行预判及可行性评估，当达到设定的阈值时即对发出预警信息并启动相应级别的风险预案。知识产权危机处置模块根据已知的风险预警等级制订相应的处置预案，避免知识产权侵权问题的出现（周衍平和赵雅婷，2019）。将上述过程中的相关信息汇总并反馈至知识产权监控模块，该模块结合市场竞争环境发展趋势综合分析反馈的信息数据，针对数据异常的系统采取相关措施，在完成既定任务后立即明确下一个工作目标，并在此基础上不断完善监控的手段与方式，确保具有更高目标和要求的新一轮知识产权保护与协同活动顺利开展。

第四节　运营管理子系统运行机制

一、高技术企业知识产权运营子系统运行机制要素分析

持续的技术创新和健全的知识产权运营促使高技术企业形成核心竞争优势，并推动企业结构的调整与优化。因此，高技术企业知识产权运营是

一项确保处于价值增长和转移过程中的知识产权高效、顺畅运行的系统性工作。结合高技术企业经营特点及知识产权运营过程,本节将高技术企业知识产权运营子系统的构成要素表述为知识产权运营方案决策、运营模式执行、知识产权运营保障及知识产权运营信息反馈四项内容。

(一) 知识产权运营方案决策

知识产权运营方案决策是高技术企业知识产权运营子系统的关键构成要素,统领着其他要素行为。高技术企业应在明确自身需求及未来发展方向的前提下结合周围环境的变化对知识产权运营方案做出科学合理的决策,对知识产权转让、知识产权许可经营、知识产权合资合作等多种知识产权运营备选方案具有清晰的认知,在此基础上依科学性和经济性的原则对预选知识产权运营方案进行可行性分析与评价,进而确定最优方案。

(二) 知识产权运营方案执行

知识产权运营方案执行是高技术企业知识产权运营子系统的主体构成要素。企业市场经营部门制订出可行运营方案后应明确经营目标,并在已论证的知识产权生命周期与市场发展前景的基础上制定高技术企业现阶段知识产权经营战略。为保证顺利实现高技术企业的经营目标,可以运用合理的经营手段并执行可行的运营方案开展知识产权运营活动。

(三) 知识产权运营保障

知识产权运营保障作为高技术企业知识产权运营子系统的支撑要素,为知识产权运营过程中的各项工作提供企业生产经营制度的规范、企业运营机构的完善、企业知识产权运营方案的优化、企业员工的积极性的提升以及企业之间与企业内部各方面关系的协调等支撑,高技术企业团队的行为通过知识产权运营保障的不断优化与控制,进而提升高技术企业知识产权运营效果。

(四) 知识产权运营信息反馈

知识产权运营信息反馈作为高技术企业知识产权运营子系统的风向标,在明确市场竞争环境、发展趋势及本经营周期内知识产权运营情况的前提下,通过汇总统计本经营周期内的相关运营信息,综合分析其他构成要素反馈的信息数据,将分析结果反馈至知识产权运营方案决策模块。信息反馈有助于知识产权运营方案决策模块在完成既定任务后不断完善决策工作,确保具有更高目标与要求的新一轮知识产权保护运营活动的顺利开展。

二、高技术企业知识产权运营子系统运行机制模型

高技术企业知识产权运营子系统中各要素功能的发挥和各构成要素之间的配合了决定子系统运行的有效性,高技术企业知识产权保护子系统机制模型的建立能够引导知识产权保护子系统的主体跨越组织限制,借助各自在监控初筛、决策、执行、保障、反馈等方面的特有资源优势实现相互协调与配合,推动整个保护子系统有序协调地运行。各要素间的非线性相互作用通过引导知识产权保护子系统不断演化成为更高级的有序状态,促使企业知识产权达到平衡稳定的配置状态。

高技术企业知识产权保护子系统是一套内部各组成部分均发挥关键作用且各构成要素相互依存的完整组织结构,通过动力机制、协同机制和保护机制的驱动与作用互动,实现系统的目标。高技术企业知识产权运营子系统运行机制模型如图7-4所示。

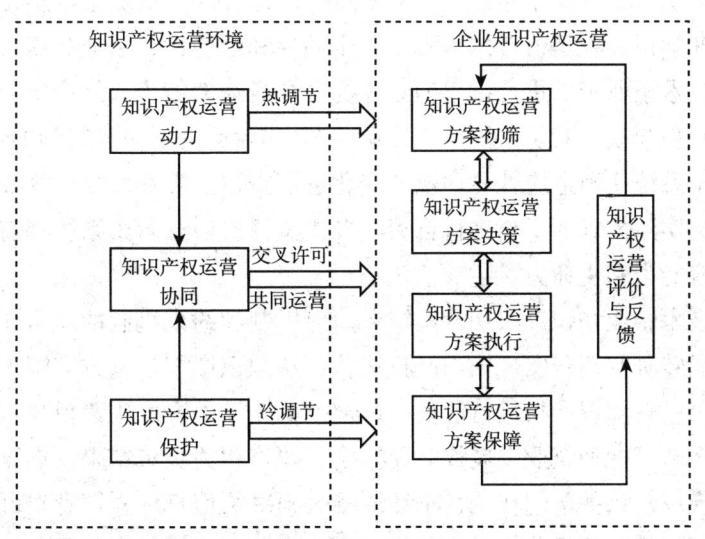

图7-4 高技术企业知识产权运营子系统运行机制

三、高技术企业知识产权运营子系统运行机制

高技术企业知识产权运营子系统中的各构成要素之间的关系如汽车各部件的相互作用。知识产权运营方案决策模块是方向盘和档位，目的是明确知识产权运营系统的前进目标与运行强度，进而制定高技术企业知识产权运营整体战略方案；知识产权运营方案模块执行是油门，相当于知识产权运营方案的执行者和操作者，将源源不断的能量和动力提供给高技术企业知识产权运营系统以确保其正常运作；知识产权运营保障模块是离合器，需要针对整体系统的运行情况及时做出适当反应，通过预判知识产权运营子系统在运作过程中可能发生的风险，避免因某个模块出现失误而影响整体知识产权的运营，确保知识产权运营子系统平稳高效地运行；知识产权运营信息反馈模块是仪表盘，通过整理与分析其他模块的运营信息，将最终运营结果及下一步运营建议反馈至知识产权运营方案决策模块，有效推进知识产权运营活动（康鑫，2019）。

高技术企业知识产权运营子系统在运行过程中持续不断同外部环境进行物质交换和信息交流，高技术企业知识产权运营子系统受自身发展需求及市场竞争的驱动，并受到动力机制和约束机制的影响：动力机制是高技术企业知识产权运营子系统的"热调节"，为运营子系统正常运行提供能量，促使知识产权运营者的积极性、主动性和创造性得以充分激发，进而推动高技术企业不断进行技术创新并提升自身运营能力；约束机制是高技术企业知识产权运营子系统的"冷调节"，作为运营子系统行为的调控者，能够使子系统逐渐适应外界环境的变化进而得以生存和发展，为满足高技术企业的实际需求而不断进行自治与自我监督以使运营子系统拥有更加强大的适应能力和生命力。

高技术企业知识产权运营系统在动力机制和约束机制的双重作用下通过自身运转机制逐步实现知识产权运营：从知识产权运营方案决策模块开始进行第一轮知识产权运营活动，运营方案决策由方案决策模块依据企业长短期运营目标和企业发展战略而制定，并将相关决策结果反馈至运营方案执行模块，相关部门在执行子系统接收到决策信息后立即针对既定的决策方案制定具体的经营目标，并将工作落实至各市场经营部门，为高技术企业知识产权经营目标的顺利实现提供保障；运营保障模块为协调知识产

权运营工作而贯穿于上述各环节,预判并评估知识产权运营过程中可能存在的风险,确保知识产权运营工作的顺利开展;运营信息反馈模块综合分析其他子系统反馈的信息数据,并将结果反馈至运营方案决策模块,使高技术企业在完成既定任务后立即明确下一个工作目标,并在此基础上不断完善知识产权运营系统的工作方式,确保具有更高目标与要求的新一轮知识产权运营活动顺利开展。

第八章　高技术企业开放式知识产权管理绩效研究

第一节　基于两种因素组合赋权的评价模型

一、开放式知识产权管理绩效评价指标体系设计

（一）评价指标体系设计原则

指标体系的设计是对开放式知识产权管理绩效评价的最重要的程序之一，为确保评价结果的全面性、准确性和客观性，评价指标体系的设计应遵循科学性、系统性和实用性原则。

1. 科学性原则

高技术企业开放式知识产权管理绩效评价应严格遵循科学的基本原则。为了评价结果的真实客观，不仅需要确保其指标设计的科学性，而且需要对其评价标准和评价程序的科学性进行严格掌控。每项指标必须有其特定的内容和针对性，各指标之间要形成一个有机整体，既相互联系又互不交叉（李海超和李志春，2015）。

2. 系统性原则

开放式知识产权管理体系属于多层面、多结构的系统性统一体，在选取指标时要注意各指标之间要清晰明了、相互独立，尽量描绘完整的开放式知识产权管理框架。所选取的指标不仅要体现开放式知识产权管理在经济方面所带来的影响，而且也要体现开放式知识产权发展的潜力、可持续性以及其他方面（刘建国，2016）。

3. 实用性原则

为了实现提高高技术企业知识产权管理水平、促进知识产权同技术创新融合的目标，在选取指标时需要充分考虑与指标相关数据的可获得性以及实用性，以便于在实际工作中使用该指标具有可行性。

(二) 开放式知识产权管理评价指标体系建立

参照毕克新等 (2012)、赵嘉茜等 (2013)、杨静和朱雪忠 (2013)、李伟和余翔 (2014)、李潭 (2016) 等学者关于知识产权相关评价指标的设计,同时考虑到开放式知识产权管理同传统知识产权管理的本质区别,选取知识产权开发、协同、运营、保护四个指标作为准则。

知识产权开发是高技术企业开放式知识产权管理的关键,它不仅是知识产权扩散与转移的前提,更为知识产权商业化生产奠定基础。知识产权开发的主要内容是通过科技研发获得可确权的科研成果,为企业创造知识产权方面的资源,将科技创新上的优势转化为知识产权上的亮点。根据以上描述,可用过程环节和开发结果评价知识产权开发效果,过程环节由R&D经费占企业利润的百分比、R&D人员数占企业总人数的百分比、R&D经费占企业支出的百分比三个指标表征,开发结果由专利申请数量占总研发项目的比率来衡量。

知识产权协同是开放式知识产权管理与传统知识产权管理的主要不同点,它的主要作用就是促进开放合作背景下高技术企业内部以及产业间知识产权的共享和交流,通过资源、知识、信息和技能等方面的共享和多方合作来提高企业自身创新能力。与此同时,知识产权协同依旧需要注重对重要知识产权的有效保护,防止私有知识向非私有知识转化。通过技术市场成交合同的数目及金额、购买国内技术经费支出、引进技术消化吸收经费支出四个指标判断知识产权协同的程度。

知识产权运营是企业拥有的知识资产与企业价值相互关联的桥梁,知识资产必须通过商业化、市场化运营,转化为直面消费者的产品,才能发挥出知识资产本身的作用。知识产权运营的内容包括知识产权运营机构的设置、知识产权运营模式的选择及运营活动的具体开展。结合相关文献的研究成果,可采用新产品销售收入、有效发明专利数这两个指标来清晰的表现知识产权的运营效果。

知识产权保护的关键在于保障知识产权安全的使用、交流和共享,平衡权利所有者及合作伙伴之间的社会公共利益,不仅要注重对企业合法权益的保护,而且不能忽视对知识产权的传播。考虑到指标所用数据的可获得性以及有用性,本书选取发明专利申请量、专利授权量、专利侵权案件受理量三个指标测试知识产权保护水平。

基于上述分析，构建高技术企业开放式知识产权管理绩效评价指标体系，如表8-1所示。

表8-1　高技术企业开放式知识产权管理绩效评价指标体系

序号	准则层	指标层
1	知识产权开发 X_1	A_1 R&D 经费占企业利润百分比
2		A_2 R&D 人员数占企业总人数的百分比
3		A_3 R&D 经费占企业支出百分比
4		A_4 专利申请数量占总研发项目比率
5	知识产权协同 X_2	B_1 技术市场成交合同数
6		B_2 技术市场成交额
7		B_3 购买国内技术经费支出
8		B_4 引进技术消化吸收经费支出
9	知识产权运营 X_3	C_1 新产品销售收入
10		C_2 有效发明专利数
11	知识产权保护 X_4	D_1 发明专利申请量
12		D_2 专利授权量
13		D_3 专利侵权案件受理量

资料来源：康鑫. 基于最优组合赋权法的高技术产业开放式知识产权管理绩效研究 [J]. 科技管理研究，2016，36（20）：149-156.

二、基于最优组合赋权法的开放式知识产权管理评价模型

（一）基于最优组合赋权的开放式知识产权管理系统评价原理

参考和借鉴迟国泰等（2012）关于最优赋权的相关文献成果，基于最优组合赋权的开放式知识产权管理系统评价模型的建立首先应对开放式知识产权管理评价指标数据进行规范化处理，本书分别选用G1法、G2法、熵值法和离差法进行指标赋权，进一步计算不同评价方法的权重系数，求得组合权重，最终计算出各区域高技术企业开放式知识产权管理绩效评价的分数，分数高低顺序即为评价各区域高技术企业开放式知识产权管理绩效优劣的排序依据，具体的评价原理如图8-1所示。

第八章 高技术企业开放式知识产权管理绩效研究

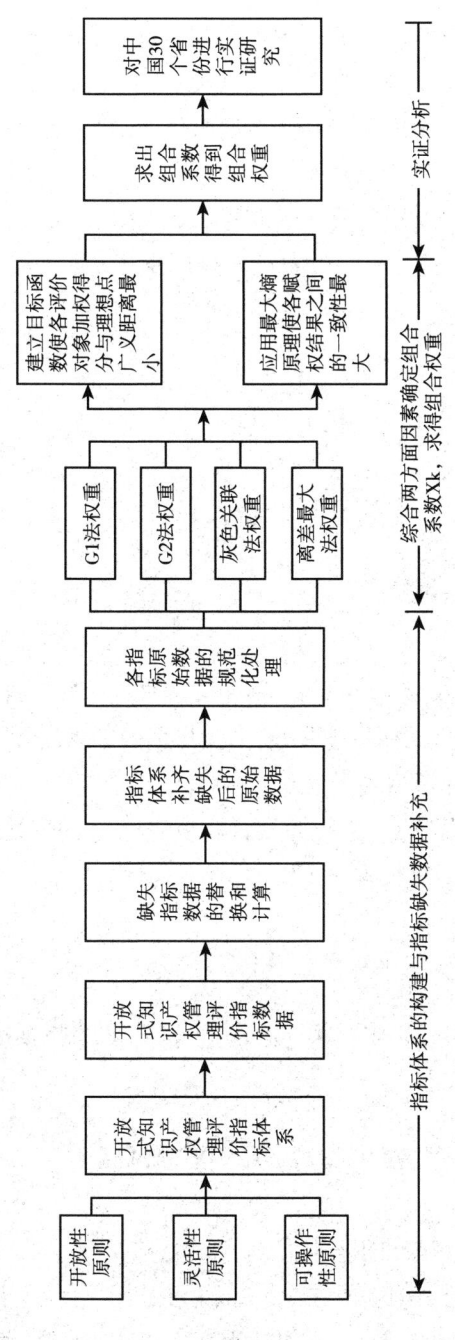

图8-1 基于最优组合赋权的开放式知识产权管理体系评价原理

资料来源：康鑫. 基于最优组合赋权法的高技术产业开放式知识产权管理绩效研究[J]. 科技管理研究, 2016, 36 (20): 149-156.

(二) 指标的无量纲化处理

构建基于最优组合赋权法的开放式知识产权管理评价模型之前需要对正、负向指标进行无量纲化处理，本章除专利侵权案件受理量以外均为正向指标，即数值越大表明知识产权管理绩效越好。正、负向指标无量纲化处理如式（8-1）、式（8-2）所示。

设：X_{ik} 为 i 区域第 k 个指标规范化处理值，V_{ik} 为 i 区域第 k 个指标的原始值，n 为所评价区域个数。正、负向指标的打分公式分别为式（8-1）和式（8-2）。

$$X_{ik} = \frac{V_{ik} - \min\limits_{1 \leqslant i \leqslant n}(V_{ik})}{\max\limits_{1 \leqslant i \leqslant n}(V_{ik}) - \min\limits_{1 \leqslant i \leqslant n}(V_{ik})} \quad (8-1)$$

$$X_{ik} = \frac{\max\limits_{1 \leqslant i \leqslant n}(V_{ik}) - V_{ik}}{\max\limits_{1 \leqslant i \leqslant n}(V_{ik}) - \min\limits_{1 \leqslant i \leqslant n}(V_{ik})} \quad (8-2)$$

（三）单一评价方法赋权

1. G1 法权重的确定

G1 法属于评价指标权重确定的一种主观赋权方法，据迟国泰等（2012）、郭亚军等（2008）的研究成果，G1 法权重确定程序如下。

（1）用 G1 法确定评价指标的序关系。

（2）得到相邻评价指标 X_{k-1} 与 X_k 重要性程度之比 r_k 的理性赋值。

（3）第 m 个指标的 G1 法权重 w_m 为：

$$w_m = \left(1 + \sum_{k=2}^{m} \prod r_k\right)^{-1} \quad (8-3)$$

（4）计算出权重 w_m 后分别求得第 $m-1, \cdots, 3, 2$ 个指标的权重：

$$W_{k-1} = r_k w_k, k = m, m-1, \cdots, 3, 2 \quad (8-4)$$

式中，W_{k-1} 为第 $k-1$ 个指标权重值，r_k 为专家赋值。

2. G2 法权重的确定

（1）用 G2 法确定评价指标的序关系。

（2）专家选出唯一一项最不重要指标，记为 x_m。

（3）专家给出其他指标 x_k 与 x_m 重要性程度之比 a_k 的理性赋值。

(4) 准则层 k 下第 k 个指标对该准则层的 G2 法权重 w_k 为：

$$w_k = \frac{a_k}{\sum_{k=1}^{m} a_k} \tag{8-5}$$

式中，w_k 为第 k 个评价指标的 G2 法权重，a_k 为专家给出的理性赋值，m 为所评价区域个数。

3. 熵值法权重的确定

(1) 设 e_j 为 j 个评价指标的熵值，则有：

$$e_j = \frac{1}{\ln n} \sum_{i=1}^{n} f_{ij} \ln(f_{ij}) \tag{8-6}$$

式中，$e_j > 0$，$f_{ij} = \frac{x_{ij}}{\sum_{i=1}^{n} x_{ij}}$ 为第 j 个指标下第 i 个系统的特征比率，x_{ij} 为第 i 个系统中的第 j 项指标的观测数据（$i = 1, 2, \cdots, n$；$j = 1, 2, \cdots, m$），$\sum_{i=1}^{n} x_{ij}$ 为第 j 项指标的所有系统观测数据之和。

(2) 设 w_k 为第 k 个指标的熵权，计算公式为：

$$w_k = \frac{1 - e_j}{n - \sum_{i=1}^{n} e_j} = \frac{1 + \frac{1}{\ln(n)} \times \sum_{i=1}^{n} \left[\frac{x_{ik}}{\sum_{i=1}^{n} x_{ik}} \right] \times \left[\ln\left(\frac{x_{ik}}{\sum_{i=1}^{n} x_{ik}} \right) \right]}{\sum_{k=1}^{m} \left\{ 1 + \frac{1}{\ln(n)} \times \sum_{i=1}^{n} \left[\frac{x_{ik}}{\sum_{i=1}^{n} x_{ik}} \right] \times \left[\ln\left(\frac{x_{ik}}{\sum_{i=1}^{n} x_{ik}} \right) \right] \right\}} \tag{8-7}$$

4. 离差最大法确定权重的原理

设 $p_{ij}(i = 1, 2, \cdots, m; j = 1, 2, \cdots, n)$ 为第 j 个评价对象第 i 项指标规范化得到的值。设 w_i 为第 i 个指标的权重，$w_i \geq 0$。对于指标 i，用 $F_{ij}(w)$ 表示评价对象 j 与其他所有评价对象指标值的离差（$k = 1, 2, \cdots, n$）则有：

$$F_{ij}(w) = \sum_{i=1}^{m} |p_{ij} w_i - p_{ik} w_i| \tag{8-8}$$

因此，对指标 i 而言，所有评价对象与其他评价对象的总离差可表示为：

$$F_i(w) = \sum_{j=1}^{n} F_{ij}(w) = \sum_{j=1}^{n}\sum_{k=1}^{n}|p_{ij} - p_{ik}|w_i \qquad (8-9)$$

根据离差最大化原理，构造最优化模型：

$$\max F(w) = \sum_{i=1}^{n}\sum_{j=1}^{n}\sum_{k=1}^{n}|p_{ij} - p_{ik}|w_i$$
$$s.t. \begin{cases} w_i \geq 0 \\ \sum_{i=1}^{m} w_i^2 = 1 \end{cases} \qquad (8-10)$$

解此最优化模型并进行归一化处理，得出离差法权重：

$$w_i = \frac{\sum_{j=1}^{n}\sum_{k=1}^{n}|p_{ij} - p_{ik}|}{\sum_{i=1}^{m}\sum_{j=1}^{n}\sum_{k=1}^{n}|p_{ij} - p_{ik}|} \qquad (8-11)$$

式中，$\sum_{j=1}^{n}\sum_{k=1}^{n}|p_{ij} - p_{ik}|$ 表示所有 n 个被评价对象第 i 个指标规范化后的值两两相减取绝对值再求和得到的离差，记为 F_i，$\sum_{i=1}^{m}\sum_{j=1}^{n}\sum_{k=1}^{n}|p_{ij} - p_{ik}|$ 表示 m 个 F_i 之和。

（四）基于两方面因素的最优组合赋权

1. 基于两种因素组合权重的计算

分别用 G1 法、G2 法、熵值法和离差法 4 种方法求权重 $w_k(k = 1,2,3,4)$，则组合权重为：

$$w = \sum_{k=1}^{l} \alpha_k w^k \qquad (8-12)$$

其中，α_k 表示组合系数，满足 $\sum_{k=1}^{l} \alpha_k = 1, x_k \geq 0$

2. 最优组合赋权系数 α_k 的确定

综合以下两种因素确定最优组合赋权系数 α_k。

(1) 各评价对象加权得分与理想点广义距离最小：

$$\min \sum_{i=1}^{n} d_i = \sum_{i=1}^{n} \sum_{j=1}^{m} \sum_{k=1}^{l} \alpha_k w_j^k (1 - x_{ij}) \quad (8-13)$$

式中，d_i 为各评价对象加权得分与理想点的广义距离，α_k 为组合系数，w_j^k 为第 k 种赋权方法第 j 个指标的权重，x_{ij} 为第 i 个区域第 j 个指标规范化后的值。

(2) 引入 Jaynes 最大熵原理反映各赋权结果之间的一致性程度，基于各赋权结果差异最小的思想建立目标函数：

$$\max H = -\sum_{k=1}^{l} \alpha_k \ln \alpha_k \quad (8-14)$$

式 (8-14) 求最优组合赋权系数的好处是，Jaynes 最大熵原理可以反映各赋权结果之间的一致性，以各赋权结果一致程度最大的思想确定组合系数，能够避免个别单一赋权方法对组合赋权结果贡献太小的问题。

基于以上因素建立目标函数：

$$\min \mu \sum_{i=1}^{n} \sum_{j=1}^{m} \sum_{k=1}^{l} \alpha_k w_j^k (1 - x_{ij})$$
$$s.t. \sum_{k=1}^{l} \alpha_k = 1, x_k \geq 0 \quad (8-15)$$

式中，参数 $0 < \mu < 1$，用来表示两个目标之间的平衡系数，μ 的取值则需根据具体问题预先给出，参考相关文献，本节取 μ 值为 0.5。

最后，构造拉格朗日函数求解组合系数 α_k，解得：

$$\alpha_k = \frac{\exp\left\{-\left[1 + \mu \sum_{i=1}^{n} \sum_{j=1}^{m} w_j^k (1 - z_{ij})/(1 - \mu)\right]\right\}}{\sum_{k=1}^{l} \exp\left\{-\left[1 + \mu \sum_{i=1}^{n} \sum_{j=1}^{m} w_j^k (1 - z_{ij})/(1 - \mu)\right]\right\}} \quad (8-16)$$

(五) 基于最优组合赋权的开放式知识产权管理绩效评价方程

将通过式 (8-12) 求得的组合权重向量的转置 W^T 和公式 (8-1) 至式 (8-3) 求得的各指标规范化得分 X 相乘，得到各区域高技术企业开放式知识产权管理绩效评价的得分 R：

$$R = W^T \times X = (r_1, r_2, r_3, \cdots, r_n) \qquad (8-17)$$

将被各评价区域得分 $r_i(i = 1,2,3,\cdots,n)$ 按大小进行排序，即为各区域高技术企业开放式知识产权管理好坏的排序。

第二节 开放式知识产权管理绩效实证分析

本研究所采用的数据均来自相关年份的《中国统计年鉴》《中国高技术产业统计年鉴》《中国科技统计年鉴》以及国家知识产权局、国家统计局等机构官方网站发布的统计报告，以 2018 年中国大陆 30 个省（区、市）（由于西藏缺省数据较多，未纳入分析范畴）高技术企业作为样本，并根据式（8-1）、式（8-2）对指标数值进行无量纲化处理。

一、G1 法权重的计算

（1）聘请专家，得到四个准则层（知识产权开发 X_1、协同 X_2、运营 X_3、保护 X_4），按主观优先顺序排序：

$$X_1 > X_4 > X_3 > X_2$$

（2）根据专家意见，相邻准则 x_{k-1} 与 x_k 的重要性程度之比 r_k 的理性赋值为：

$$r_2 = X_1/X_4 = 1.1$$
$$r_3 = X_4/X_3 = 1.1$$
$$r_4 = X_3/X_2 = 1.1$$

（3）把相邻准则的重要程度之比的理性赋值 $r_j(j = 2,3,4)$ 代入式（8-3）和式（8-4），得到各准则层的 G1 法权重。

同理可得指标层的 G1 法权重、相邻指标的重要性程度之比 r_k 的理性赋值。

二、G2 法权重的计算

（1）专家给出最不重要的准则层指标知识产权协同 X_2。

（2）根据专家意见，其余准则层指标与 X_2 的重要程度之比 d_j 的理想赋值分别为：

$d_1 = X_1/X_2 = 1.3$，$d_2 = X_2/X_2 = 1$，$d_3 = X_3/X_2 = 1.1$，$d_4 = X_4/X_2 = 1.2$

（3）d_j 的理想赋值代入式（8-5），得到开放式知识产权开发、协同、运营、保护的 G2 法权重分别为 0.2826、0.2174、0.2391 和 0.2609。同理可得指标层对目标层的 G2 法权重，如表 8-2 所示。

表 8-2　　　　区域开放式知识产权管理绩效指标权重

指标		G1 法权重	G2 法权重	熵值法权重	离差法权重	最优组合权重
知识产权开发 X_1	A_1	0.0304	0.0290	0.0254	0.0265	0.0296
	A_2	0.2017	0.0318	0.0400	0.0307	0.0320
	A_3	0.0318	0.0403	0.0269	0.0342	0.0379
	A_4	0.0265	0.0244	0.0337	0.0218	0.0304
知识产权协同 X_2	B_1	0.0350	0.0296	0.0214	0.0299	0.0334
	B_2	0.0251	0.0173	0.0289	0.0311	0.0277
	B_3	0.0274	0.0263	0.0196	0.0301	0.0281
	B_4	0.0188	0.0240	0.0253	0.0367	0.0259
知识产权运营 X_3	C_1	0.0216	0.0124	0.0306	0.0296	0.0286
	C_2	0.0346	0.0277	0.0249	0.0466	0.0364
知识产权保护 X_4	D_1	0.0255	0.0315	0.0380	0.0409	0.0375
	D_2	0.0189	0.0276	0.0209	0.0238	0.0242
	D_3	0.0227	0.0259	0.0340	0.0195	0.0300

资料来源：康鑫. 基于最优组合赋权法的高技术产业开放式知识产权管理绩效研究 [J]. 科技管理研究，2016，36（20）：149-156.

三、熵值法权重的计算

（1）将规范化数值代入式（8-6）中，得到指标权重 r_{ij}（$i = 1,2,3,4$；$j = 1,2,3,\cdots,30$）。

（2）将指标权重代入式（8-7）中，得到熵值法权重的具体数值，如表 8-2 所示。

四、离差最大法权重的计算

将规范化数值依次代入式（8-8）至式（8-11）中，得到各指标的权重，如表 8-2 所示。

五、最优组合权重的计算

将表中单一评价方法所得的各指标权重代入式（8-16），得到最优组合系数 α_k = (0.264, 0.207, 0.044, 0.239)，将表中各指标权重与组合系数代入式（8-12）得到组合权重，具体见表 8-2。

六、区域开放式知识产权管理绩效综合评价

将表 8-2 中的组合权重和各指标规范化得分代入式（8-17），得到各区域开放式知识产权各准则层得分和管理绩效总得分及排序，如表 8-3 所示。

表 8-3　　2018 年区域高技术企业开放式知识产权管理绩效准则层及综合评价结果

区域	综合评价		准则层 X_1		准则层 X_2		准则层 X_3		准则层 X_4	
	得分	排序	得分	排序	得分	排序	得分	排序	得分	排序
北京	0.4407	1	0.2544	2	0.1919	3	0.1629	5	0.1941	1
天津	0.3811	8	0.1994	11	0.1704	7	0.1769	3	0.1653	8
河北	0.3667	10	0.2270	7	0.1413	11	0.1126	16	0.1795	4
山西	0.3279	15	0.1564	17	0.1376	12	0.1276	14	0.1474	13
内蒙古	0.2543	24	0.0869	25	0.0836	20	0.0637	23	0.1263	18
辽宁	0.3672	9	0.1775	14	0.1451	10	0.1563	9	0.1339	16
吉林	0.2681	22	0.1396	19	0.0745	22	0.0482	26	0.1119	20
黑龙江	0.2750	21	0.1142	21	0.0677	23	0.0565	24	0.1084	22
上海	0.4359	2	0.2806	1	0.2238	1	0.1918	1	0.1939	2
江苏	0.4214	4	0.2420	6	0.1881	4	0.1590	8	0.1872	3
浙江	0.3832	7	0.2449	5	0.1877	5	0.1910	2	0.1623	9
安徽	0.2588	23	0.1381	20	0.0618	26	0.0780	20	0.0839	26
福建	0.3549	12	0.1775	13	0.1538	9	0.1545	10	0.1569	10
江西	0.3213	16	0.2013	10	0.0844	19	0.1238	15	0.0852	25
山东	0.4025	5	0.2164	8	0.1711	6	0.1615	6	0.1704	6
河南	0.3413	13	0.1618	15	0.1357	13	0.0954	18	0.1715	5

续表

区域	综合评价		准则层 X_1		准则层 X_2		准则层 X_3		准则层 X_4	
	得分	排序	得分	排序	得分	排序	得分	排序	得分	排序
湖北	0.3141	18	0.1037	22	0.1175	15	0.1483	12	0.1450	14
湖南	0.3603	11	0.2097	9	0.1191	14	0.1032	17	0.1537	11
广东	0.4311	3	0.2516	4	0.2206	2	0.1703	4	0.1698	7
广西	0.2268	25	0.0780	26	0.0854	18	0.0727	21	0.1023	23
海南	0.3325	14	0.1827	12	0.0930	16	0.1525	11	0.1361	15
重庆	0.3204	17	0.1568	16	0.0772	21	0.1399	13	0.1323	17
四川	0.3866	6	0.2516	3	0.1557	8	0.1605	7	0.1528	12
贵州	0.3012	19	0.1474	18	0.0903	17	0.0554	25	0.1252	19
云南	0.2261	26	0.0619	28	0.0514	27	0.0882	19	0.0867	24
陕西	0.2833	20	0.1014	23	0.0656	25	0.0667	22	0.1115	21
甘肃	0.1809	27	0.0980	24	0.0456	28	0.0179	30	0.0729	27
青海	0.1767	28	0.0584	29	0.0675	24	0.0242	29	0.0673	28
宁夏	0.1638	30	0.0441	30	0.0427	29	0.0283	28	0.0518	30
新疆	0.1732	29	0.0670	27	0.0365	30	0.0335	27	0.0612	29

七、评价结果分析及启示

由表 8-3 可知，2018 年中国 30 个省份高技术企业开放式知识产权管理绩效综合评价排名在前五的依次为北京、上海、广东、江苏和山东，排名后五位的依次为云南、甘肃、青海、新疆及宁夏。各省份综合评价排名和准则层单一评价排名（知识产权开发、知识产权协同、知识产权运营、知识产权保护）次序大致吻合，个别省份不同准则层之间排名差距较大，如河北省知识产权运营排名同保护排名之差为 12 位，四川省知识产权开发排名同保护排名之差为 9 位，说明这些省域高技术企业在开放式知识产权管理中存在系统内部协调性不足的问题，易产生"木桶效应"对知识产权管理的发展起了抑制作用。

从知识产权开发评价结果来分析，不仅 R&D 支出占企业利润百分比、R&D 人员数占企业总人数的百分比对开放式知识产权管理绩效有重要影响，而且 R&D 研发费用占企业支出百分比、专业申请数量占总研发项目比率也对评价结果的变化起着关键作用。上海、北京、四川、广东及浙江分别是此次评价的前5位。根据评价结果，本书认为：第一，强大的科研教学实践实力对区域知识扩散、知识溢出以及知识产权研发投入、技术企业科研人员的积极性都有较大的有利影响；第二，知识产权开发水平明显受地域经济发达程度影响，从全局来看，科技研发投入、专利申请数量等方面在北上广等经济发达地区优势明显，虽然科技要素的边际贡献率递减，但总体上知识产权开发水平同科技投入强度密不可分。

开放式知识产权管理的基础是产业间、产业内部的交互、共享、合作，重要的特征指标是知识产权协同。知识产权协同可以有效改善企业间知识创新所带来的成本压力、提高科技研发效率，加快形成组织内部的知识基础。根据评价结果分析，我国西部内陆地区因发展水平有限、区位劣势等方面原因出现知识产权协同性比较差的情况，在知识传递、科技信息交流以及研发合作等方面均处于相对落后的地位，这种被动情况如果不能有效转变，不仅会加重本区域知识产权开发、保护、运营的压力，也将对知识产权管理水平带来恶劣影响。

根据评价结果可知，知识产权运营效率受经济发展水平影响。除此之外，区域政策支持力度、知识产权市场竞争程度等也是影响知识产权运营的最终效果的重要影响因素。虽然本次评价中经济欠发达地区的整体知识产权运营效率明显低于经济发达地区，但知识产权运营总体效率包括纯技术效率及规模效率，经济欠发达地区可通过优化知识产权市场结构、拓展知识产权市场规模、完善知识产权运营链条等方法来提高区域内高技术企业获得有效专利的积极性，有效改善知识产权运营态势。

影响知识产权保护效果的因素有很多，其中国家及地方对知识产权的保护政策是否完善以及企业自身采用的保护手段是否有效是最关键的因素，因此，在本项评价结果中，多个区域的知识产权保护排序显著优于综合排序。对于经济发达、高技术企业密集地区，可以根据开放式知识产权管理的实际需要，维持必要的知识产权保护强度，提高知识产权保护的"效力"与"效率"，加强产业间、区域间知识产权的合作、交互，提升知识产权的综合运用水平。对于高技术企业发展较弱的地区，需要继续加强知识产权保护的强度，并且要对知识产权开发环节的保护给予足够的重视，促进有效知识产权的研发与形成。

本节以文献检索和归纳为基础，根据开放、共享的新常态理念提出开放式知识产权管理这一概念，构建了开放式知识产权管理绩效评价指标体系，分别选取绝对指标和相对指标对各区域待评价指标的规模、性状以及知识产权管理程度的比例关系进行测度，得到了评价结果。当然，考虑到评价数据的客观性和数据获得的难易度，本节内容并未将政策导向、产业环境、企业知识存量等多种知识产权管理影响因素纳入研究范畴。此外，所采用的评价指标均源于相关统计年鉴。

第九章 高技术企业创新效率评价研究

第一节 创新效率评价指标初选及关键要素识别

高技术企业创新效率是指在给定的时间内,通过开展科技创新活动所取得的有效技术成果(如新产品、新工艺、新材料)与各种相关技术投入(如 R&D 支出)之间的比率关系,高技术企业的创新效率也表示企业运用科学知识和高尖端技术提高生产力并为企业来带更多效益的能力。在激烈的市场竞争环境下,高技术企业的创新效率对该类企业的生存发展起着决定性作用。为了实现高技术企业利益最大化,必须科学高效地利用相关资源,达到技术创新投入与产出的平衡。

在高技术企业创新效率评价方法方面,国内外学者均取得了丰硕的成果,常见的创新效率评价方法有数据包络分析(Data Environment Analysis,DEA)和 Malmquist 指数法、随机前沿模型(Stochastic Frontier Approach,SFA)等。DEA 在技术创新效率方面的突出优势使该方法更加受到广大学者的青睐,但传统的 DEA 评价对投入、产出这些作为输入和输出单元的指标的要求比较高,为了符合科学研究对有效性和准确性要求,所选取的技术创新效率评价指标必须经过严格的甄选。为破解上述难题,本章构建创新效率评价初选指标,并通过群组决策特征根法(Group Eigenvalue Method,GEM)对其进行筛选,以确定最终的高技术企业技术创新效率评价指标体系。

一、高技术企业技术创新效率评价指标识别

高技术企业技术创新效率的最重要指标就是技术成果产出与投入的比值,该指标可以从多方面度量企业的技术创新效率:同技术研发投入有关的指标如 R&D 人员折合全时当量、新产品开发经费支出等都能够说明高技术企业在技术创新过程中的投入;新产品的产值、新产品的销售收入等

都是反映出高技术企业在技术创新产出中的指标。全面性、科学性、可比性、可操作性、可量化性等原则性要求规定了高技术创新效率评价指标设计的范围。本章参考现有的评价指标的一些研究成果,结合《中国高新技术企业统计年鉴》中的相关指标,以高技术企业技术创新投入及产出为起点构建高技术企业技术创新效率评价初选指标体系,其中有 2 个二级指标和 25 个三级指标,具体内容如表 9 – 1 所示。

表 9 – 1　　区域高技术企业科技成果转化效率评价初选指标

目标层	准则层	指标层
高技术企业技术创新效率评价初选指标	高技术企业技术创新投入指标	R&D 活动人员折合全时当量(a_{11}) R&D 经费内部支出(a_{12}) 科技活动人员数量(a_{13}) 科技活动人员中科学家和工程师(a_{14}) 科技活动经费筹集额(a_{15}) 科技活动经费筹集额中政府资金(a_{16}) 科技活动经费筹集额中企业资金(a_{17}) 科技活动经费筹集额中金融机构贷款(a_{18}) 科技活动经费内部支出(a_{19}) 科技活动经费内部支出中劳务费(a_{1a}) 科技活动经费内部支出中仪器设备费(a_{1b}) 新产品开发经费支出(a_{1c}) 专利申请数(a_{1d}) 科技论文数(a_{1e}) 拥有发明专利数(a_{1f}) 技术市场成交额(a_{1g}) 技术市场成交合同数(a_{1h})
	高技术企业技术创新产出指标	新产品销售收入(a_{21}) 新产品产值(a_{22}) 重大科学发现数量(a_{23}) 科技成果的更新计划及寿命预期(a_{24}) 科技成果的市场估价(a_{25}) 科技(商业)秘密保护数量(a_{26}) 新产品出口总额(a_{27}) 企业利润总额(a_{28})

资料来源:陈伟,康鑫,冯志军,田世海. 基于 GEM-DEA 模型的区域高技术企业科技成果转化效率评价研究 [J]. 软科学,2011,25 (4):23 – 26,35.

二、高技术企业技术创新效率评价关键指标识别

因为高技术企业技术创新效率评价指标的准确性和有效性依赖于评价指标体系设计的科学性,而创新效率评价指标数量较多、范围广,因此在设计评价指标时,不能片面地考虑指标的适用性,必须从多视角、多层面来进行评价指标设计,才能合理高效地反映高技术企业技术创新效率。GEM 能够很好地解决这一问题:GEM 即群体(G)对多个被评目标作评判决策的新特征根法。此法主要通过专家对指标进行打分,然后将评分矩阵转置自乘,记为 F。F 的最大特征根对应的特征向量就是最优决策。与层次分析法(The Analytic Hierarchy Process,AHP)相比,GEM 能够克服判断矩阵的不一致性,计算也较简便(陈伟等,2011)。

(一)群组决策特征根法的理论模型

1. 理想专家定义

由 S_1,S_2,S_3,…,S_m 组成的 m 个专家群组决策系统 G,对 n 个目标的评价 B_1,B_2,B_3,…,B_n,第 i 个专家 S_i 对第 j 个评价目标 B 的评分记为 $x_{ij} \in [I, J]$($i = 1, 2, 3, …, m$;$j = 1, 2, 3, …, n$)。x_{ij} 的评分值越大,被评价目标 B_j 就越重要。S_i 及其群 G 的评分组成 n 维列向量 x_i 和 $m \times n$ 阶矩阵 x。

$$x_i = (x_{i1}, x_{i2}, x_{i3}, \cdots, x_{in})^T \in E^n, \quad x = (x_{ij})_{m \times n} = \begin{bmatrix} x_{11} & x_{12} & \cdots & x_{1n} \\ x_{21} & x_{22} & \cdots & x_{2n} \\ \cdots & \cdots & \cdots & \cdots \\ x_{m1} & x_{m2} & \cdots & x_{mn} \end{bmatrix}$$

它们是专家在一次决策中所得出的结论,是专家组中的每一位成员对评价对象的评价值。理想专家的评分向量为 $x_* = (x_{*1}, x_{*2}, \cdots, x_{*n})^T \in E^n$,其中理想专家是对评价目标的评价与群体 G 高度一致的专家,即 S_* 的评价结果与 G 的评价结果完全一致。相关文献中对群体的理想(最优)的专家的定义是具有评分向量与群体中各专家评分向量夹角之和最小的专家。

由此可知,x_* 是函数 $f = \sum_{i=1}^{m} (b^T x_i)^2$ 求解后取最大值时的正特征向量,式中 $\forall b = (b_1, b_2, b_3, \cdots, b_n) \in E^n$,可设 $\| b \| = 1$,即 $\max_{\| b \| = 1} \sum_{i=1}^{m} (b^T x_i)^2 =$

$\sum_{i=1}^{m}(x_*^T x_*)^2$，其中 x_*，也即 G 对评价指标的总评分。

2. 评价指标权重求解定理

定理 1：$b \forall \in E^n$，$\max_{b \in E^n} \sum_{i=1}^{m}(b^T x_i)^2 = \rho_{\max}$，式中 $\rho_{\max}$ 为矩阵 $F = X^T X$ 的最大特征单根；x_* 为 $\rho_{\max}$ 对应 $X^T X$ 的正特征向量，且 $\| x_* \| = 1$。

定理 2：设 A 是 $m \times n$ 阶矩阵，B 是 $n \times m$ 阶矩阵，则 AB 与 BA 有相同的（包括重数）非零特征值。

定理 3：若 a_0 是 $X^T X$ 的最大特征值所对应的特征向量，且 $\| a_0 \| = 1$，则有 $X^T a_0 = K X_*$，即 a_0 是 m 个专家的权重向量。

3. 单根与重根的处理

若最大特征根为单根，则对应的特征向量具有唯一最优解；若最大特征根为重根，并解出其特征向量空间，则其特征向量空间所对应的评价指标被认为是同等重要的，其他被评测对象则用第二大特征根所对应的特征向量排名或在评分矩阵中去掉已并列排名的被评测对象的评分值，重新构造一个矩阵，用上述方法进行第二次评价。

（二）评价指标识别

本章采用 GEM 对高技术企业技术创新效率评价指标进行重要性识别，找出关键指标。在科研院所及高技术企业中选取 15 位专家进行问卷调查，采用 5 级评分法，即极不合理、不合理、合理、很合理、极其合理，对应的分值分别是 1、2、3、4、5 分。限于篇幅，在此以高技术基础创新产出指标为例给出专家评分表的示例，如表 9-2 所示。

表 9-2　　　　　　　　　科技成果产出专家评分表

指标	a_{21}	a_{22}	a_{23}	a_{24}	a_{25}	a_{26}	a_{27}	a_{28}
S_1	5	4	3	3	1	3	5	3
S_2	5	4	2	4	2	4	4	3
S_3	5	4	3	4	3	2	5	3
S_4	4	5	3	4	3	3	4	3
S_5	4	4	3	5	3	3	4	2
S_6	5	5	4	2	2	4	5	3

续表

指标	a_{21}	a_{22}	a_{23}	a_{24}	a_{25}	a_{26}	a_{27}	a_{28}
S_7	4	4	2	3	4	4	4	2
S_8	3	4	3	3	3	5	5	3
S_9	5	5	2	3	1	4	5	1
S_{10}	4	5	3	4	2	3	5	2
S_{11}	4	5	3	3	3	2	5	2
S_{12}	5	5	2	3	3	3	4	4
S_{13}	4	5	2	4	2	4	5	3
S_{14}	4	4	1	3	3	3	4	3
S_{15}	5	5	2	4	2	3	5	2

资料来源：陈伟，康鑫，冯志军，田世海. 基于 GEM – DEA 模型的区域高技术企业科技成果转化效率评价研究 [J]. 软科学, 2011, 25 (4): 23 – 26, 35.

运用 MATLAB 软件，对上述专家评分进行矩阵转置，得到矩阵 F:

$$F = x^T x = \begin{bmatrix} 296 & 300 & 167 & 232 & 159 & 226 & 304 & 167 \\ 300 & 312 & 173 & 239 & 166 & 235 & 314 & 172 \\ 167 & 173 & 104 & 132 & 93 & 130 & 177 & 97 \\ 232 & 239 & 132 & 195 & 132 & 182 & 242 & 133 \\ 159 & 166 & 93 & 132 & 101 & 127 & 167 & 96 \\ 226 & 235 & 130 & 182 & 127 & 190 & 239 & 131 \\ 304 & 314 & 177 & 242 & 167 & 239 & 321 & 174 \\ 167 & 172 & 97 & 133 & 96 & 131 & 174 & 104 \end{bmatrix}$$

根据计算，最大特征根为单根，并且 $\rho_{max} = 1569.3256$，其对应的特征向量为 $B^T = (0.4303, 0.4439, 0.2487, 0.3404, 0.2376, 0.3388, 0.4502, 0.2484)$，对每个特征向量进行单位化处理，得到 $B^T = (0.1571, 0.1621, 0.0908, 0.1243, 0.0868, 0.1237, 0.1644, 0.0907)$。向量 B 即为各因素之间相对重要性排序。

结合计算结果进行关键指标的识别和筛选，经过分析拟剔除重要性小于 0.1500 的评价指标，指标 a_{21}、a_{22}、a_{27} 相对重要性数值分别为 0.1571、0.1621、0.1644，保留这三项指标。其他指标相对重要性数值均小于 0.1500，故不予采用。最后保留的指标为（a_{21}, a_{22}, a_{27}）在文中所代表的指标分别为新产品销售收入、新产品产值、新产品出口总额。

运用 MATLAB 软件进行分析，同理可筛选出高技术企业技术创新投入层中的下列重要指标：R&D 活动人员折合全时当量、R&D 经费内部支出、科技活动人员数量、科技活动经费筹集额、新产品开发经费支出、专利申请数、拥有发明专利数、技术市场成交额。筛选后的高技术企业技术创新效率评价指标如表 9-3 所示。

表 9-3　　　　高技术企业技术创新效率评价指标识别

目标层	准则层	指标层
高技术企业技术创新效率评价指标	高技术企业技术创新投入	R&D 活动人员折合全时当量（x_1） R&D 经费内部支出（x_2） 科技活动人员数量（x_3） 科技活动经费筹集额（x_4） 新产品开发经费支出（x_5） 专利申请数（x_6） 拥有发明专利数（x_7） 技术市场成交额（x_8）
	高技术企业技术创新产出	新产品销售收入（y_1） 新产品产值（y_2） 新产品出口总额（y_3）

资料来源：陈伟，康鑫，冯志军，田世海. 基于 GEM-DEA 模型的区域高技术企业科技成果转化效率评价研究［J］. 软科学，2011，25（4）：23-26, 35.

第二节　基于 DEA-TOPSIS 高技术企业创新效率评价

一、高技术企业创新效率评价模型构建

效率测度的方法有参数法与非参数法，参数法以 SFA 为代表，非参数法 DEA 为代表。其中 DEA 因为采用数学规划法，无严格的函数关系，相对而言应用起来比较灵活，并且 DEA 用在测量多投入多产出效率方面也具备明显的优势（朱有为和徐康宁，2006）。故本章从 DEA 评价高技术企业技术创新效率入手，并引入逼近理想解排序法（Technique for Order Preference by Similarity to Ideal Solution，TOPSIS）来解决 DEA 模型不能对有效单

元进行再次排序的缺陷。

本章运用 DEA 方法评价高技术企业创新效率。DEA 是数学、运筹学、数理经济学和管理科学的交叉方法，它由查恩斯等（Charnes et al.）于 1978 年开始创建。DEA 是使用数学规划模型评价具有多个输入、特别是多个输出的"部门"或"单位"（称为决策单元，简记 DMU）的相对有效性（称为 DEA 有效）。DEA 模型在生产前沿面的结构、特征和构造方法的确定方面有着绝对优势，因此可以将 DEA 看作一种非参数的统计估计方法。高技术企业技术创新并不是一个静态系统，相反是一个涉及多要素投入和多变量产出的复杂的动态体系，投入转变为产出的过程贯穿了科技创新的始终，如果以少的投入获得了多的回报，那么，这样的投入产出关系是生产前沿面，在这个前沿面上的技术创新就是高效的。

（一）CCR 模型

本章拟采用 CCR 模型用来评价各决策单元的总效率（Wei et al., 2000）。CCR 模型假设有 n 个决策单元，每个决策单元都有 m 种输入和 s 种输出，x_{ij} 表示第 j 个决策单元对第 i 种输入的投入量，y_{rj} 表示第 j 个决策单元对第 r 种输出的产出量，v_i 表示第 i 种输入的权重，u_r 表示第 r 种输出的权重。其中 $x_{ij} > 0$，$y_{rj} > 0$，$v_i \geq 0$，$u_r \geq 0$（$i = 1, 2, \cdots, m$；$r = 1, 2, \cdots, s$；$j = 1, 2, \cdots, n$），$x_j = [x_{1j}, x_{2j}, \cdots, x_{mj}]^T$，$y_j = [y_{1j}, y_{2j}, \cdots, y_{mj}]^T$，（$j = 1, 2, \cdots, n$），则可用（$X_j$，$Y_j$）表示第 j 个决策单元 DMU_j，对应的权重系数表示为 $v = [v_1, v_2, \cdots, v_m]^T$，$u = [u_1, u_2, \cdots, u_m]^T$。

对第 j_o 个决策单元进行效率评价，构造最优化模型，如式（9-1）所示。

$$\max h_o = \frac{u^T Y_o}{v^T X_o} = V_{\bar{p}}, \quad s.t. \begin{cases} h_j = \frac{u^T Y_j}{v^T X_j} \leq 1 (j = 1, 2, \cdots, n) \\ u \geq 0, v \geq 0 \end{cases} \quad (9-1)$$

由于式（9-1）的目标函数为非线性，因此可以使用 Charnes-Cooper 变换将上述 CCR 模型等价变化为线性规划问题，并可利用对偶规划理论进行效率分析，由此得到各决策单元的有效性和总效率。原始 DEA 模型的不足在于，评价结果只能将评价对象简单区分，无法对有效决策单元进行效率排序，无法满足高技术企业知识产权运营调整的实际需要。

(二) 基于 TOPSIS 法的 DEA 评价模型

传统 DEA 模型评价结果存在多个有效的决策单元，TOPSIS 能够很好地解决有效决策单元的区分问题，TOPSIS 方法的原理在于多目标虚拟决策单元理想解和负理想解排序后，高效率决策单元应距理想解（ideal solution）最近，同时距离负理想解（negative-ideal solution）最远。假定每一属性都是单调变化，就可以转化为欧式范数计算，得到效率评价的最优解，对于多目标有效 DMU 排序的具体计算步骤如下。

第一步，构建虚拟决策单元，确定理想样本点。

构造最优决策单元 DMU_{n+1} 和最劣决策单元 DMU_{n+2}，前者输入、输出向量分别为 $X_{n+1} = (x_{1,n+1}, x_{2,n+1}, \cdots, x_{i,n+1}, \cdots, x_{m,n+1})$、$Y_{n+1} = (y_{1,n+1}, y_{2,n+1}, \cdots, y_{r,n+1}, \cdots, y_{s,n+1})$，后者输入、输出向量记为 $X_{n+2} = (x_{1,n+2}, x_{2,n+2}, \cdots, x_{i,n+2}, \cdots, x_{m,n+2})$、$Y_{n+2} = (y_{1,n+2}, y_{2,n+2}, \cdots, y_{r,n+2}, \cdots, x_{s,n+2})$。最优决策单元 DMU_{n+1} 的输入和输出指标值分别取 n 个实际决策单元相应指标值的最小和最大值，即：$x_{i,n+1} = \min(x_{i,1}, x_{i,2}, \cdots, x_{i,n})$，$y_{r,n+1} = \max(y_{r,1}, y_{r,2}, \cdots, y_{r,n})$。以最优决策单元 DMU_{n+1} 为正理想样本点，以最劣决策单元 DMU_{n+2} 为负理想样本点。

第二步，区分有效决策单元并进行排序。

（1）用线性比例变换法对有效 DMU 的指标进行无量纲化处理，其中，作为投入指标处理时，输入指标数值越小越好，无量纲化公式为：

$$X_{ij} = \frac{\max x_j - x_{ij}}{\max x_j - \min x_j} \quad (9-2)$$

作为产出指标处理时，输出指标数值越大越好，无量纲化公式为：

$$Y_{ij} = \frac{y_{ij} - \min y_j}{\max y_j - \min y_j} \quad (9-3)$$

（2）计算各 DMU 与理想样本点和负理想样本点的距离，选择欧氏范数作为评价方案的准则。d_j^+ 表示方案 j 到理想样本点 DMU_{n+1} 的距离，d_j^- 表示方案 j 到负理想样本点 DMU_{n+2} 的距离，计算公式见式（9-4）、式（9-5）。

$$d_j^+ = \sqrt{\sum_{i=1}^{m+s} (r_{ij} - r_i^+)^2} \quad (9-4)$$

$$d_j^- = \sqrt{\sum_{i=1}^{m+s}(r_{ij}-r_i^-)^2} \qquad (9-5)$$

(3) 计算决策单元与理想样本点和负理想样本点的贴近度，贴近度 d_j 越大，表明第 j 个决策单元越优，即知识产权运营效率越高，计算公式为式 (9-6)。

$$d_j = \frac{d_j^-}{d_j^+ + d_j^-} \qquad (9-6)$$

二、实证分析过程

（一）数据的搜集与计算

高技术企业的技术创新是一个复杂的过程，技术创新要素的投入和创新成果的转化具有延迟性。用 DEA 方法进行相对有效性评价时，应当考虑从投入到产出的延迟时间。本章高技术企业技术创新的投入指标选取 2018 年的数据，产出指标选取 2019 年的数据，数据主要源于相应年份的《中国高技术产业统计年鉴》和《中国统计年鉴》。本章以我国 30 个省（区、市）为研究样本（由于西藏缺省数据较多，未纳入研究范畴）运用 DEA-SOLVER-LV 软件，将前面确立的输入输出数据代入相关模型（本章主要运用基于 DEA 方法的 C^2R 模型，主要是用来测度决策单元的总体效率），结果见表 9-4。

表 9-4　2018~2019 年高技术企业科技成果转化效率评价结果

决策单元	C^2R 总体效率（θ）	决策单元	C^2R 总体效率（θ）
北京	1.000	河南	0.674
天津	1.000	湖北	0.483
河北	0.565	湖南	0.534
山西	1.000	广东	0.963
内蒙古	0.809	广西	0.654
辽宁	0.611	海南	0.496
吉林	0.379	重庆	0.779
黑龙江	0.481	四川	0.590

续表

决策单元	C²R 总体效率（θ）	决策单元	C²R 总体效率（θ）
上海	1.000	贵州	0.631
江苏	1.000	云南	1.000
浙江	1.000	陕西	0.380
安徽	0.709	甘肃	0.396
福建	1.000	青海	0.262
江西	0.402	宁夏	0.219
山东	0.825	新疆	0.295

（二）基于 DEA-TOPSIS 模型排序

根据 DEA 模型得出的结果，北京、天津等 8 个省份的高技术企业的技术创新效率均为 1，无法进行进一步区分和从更深层次分析出现效率差异的原因，现采用 TOPSIS 评价效率为 1 的决策单元，通过 TOPSIS 的计算步骤和公式，得出 8 个决策单元与理想样本点和负理想样本点的贴近度及排序，如表 9-5 所示。

表 9-5 基于 DEA-TOPSIS 模型的有效决策单元效率排序

决策单元	北京	天津	山西	上海	江苏	浙江	福建	云南
d_j（贴近度）	0.553	0.441	0.489	0.789	0.696	0.842	0.744	0.522
TOPSIS-DEA 排序	5	8	7	2	4	1	3	6

（三）评价结果分析

根据 C²R 模型，在所检测的 30 个省市中，科技成果转化效率的平均值为 0.652，低于平均效率的省市有 15 个，占总数的 50%，表明整体上我国高技术企业的技术创新效率偏低。当 θ=1 时，表示该决策单元创新资源投入产出是综合有效的，因此在 30 个决策单元中，技术创新有效的决策单元有 15 个，这 15 个决策单元的创新投入产出在整体上最有效率，其余的 15 个决策单元为非有效，总体效率最低的决策单元为宁夏，效率值为 0.219。

结合表 9-4 及表 9-5 的数据，可以明显观察出东部沿海经济带地区的企业技术创新效率普遍偏高，而处于中部内陆和西部偏远地区的企业技术创新效率远远低于东部沿海地区，产生这种明显差距的原因有多种，不仅包括先天地理位置的优劣、高技术企业密度与企业技术创新过程中人力、物理资源调配不均等原因，还有产业结构侧重的不同可能也会导致这种差距的形成。此外，高技术企业技术创新效率呈现两头大中间小的结构，效率高和效率低的决策单元占比大，而效率中等的决策单元比较少，出现这种现象的原因是高技术企业创新过程具有企业集群越多、高技术企业战略联盟合作越紧密、生产专业化水平越强、技术创新效率也就越高这种非常明显的特征。高技术企业创新效率的地区不平衡值得职能部门注意，对于创新效率极低的地区而言，应调整、优化自身产业结构，巩固并扶持现有高技术企业，增大推动技术创新的资源，尽可能在企业之间组建技术创新联盟和各类合作组织，充分挖掘潜在的创新资源，从而提高高技术企业创新效率。

对总体效率为 1 的决策单元用 TOPSIS 法进行进一步区分，得出的具体位序为浙江、上海、福建、江苏、北京、云南、山西和天津，该结果反映出诸如云南、山西等地区的高技术企业技术创新效率要高于北京、上海等经济强市，通过分析原始数据能够找出产生这种结果的原因，以云南和上海为例，云南高技术企业的 R&D 活动人员折合全时当量以及科技活动人员数量均远远低于上海同期水平，虽然云南高技术企业创新投入严重不足，但创新要素均可迅速转换成为创新成果和创新产品。由此可见，云南高技术企业在技术创新方面仍有极大的可挖掘潜力，经济后发区域的高技术企业应充分发挥本地区的资源优势和市场优势，增大技术创新相关的基础性投入以获得更多产出。

第十章 高技术企业开放式知识产权管理系统与创新效率作用机理分析

第一节 假设提出及作用机理模型构建

一、知识产权管理绩效同创新效率的研究

知识产权和创新并不能混为一谈。一方面，创新涵盖了发明创造、技术成果转化、扩散、商业化和产业化的全过程，而知识产权的价值链包括确权、授权、知识产权的流动、实施应用等环节，知识产权的价值是通过交易和产业化应用来实现的，是贯穿在创新过程当中的，也是在创新的每个环节里去实现的。另一方面，并非所有发明创造均适用于现行法律制度，部分知识产权成果也可能做成商业秘密，或采取其他手段来保护，也并非所有的发明创造最终都会形成知识产权，因为知识产权和授权有很多具体的标准。

创新和知识产权管理本身又密不可分，一般认为创新是知识产权的源头，其形成的新知识产权也催发企业的其他创新行为。已有成果普遍认为知识产权管理同创新效率之间存在某种联系，如有观点认为，企业的创新绩效受到专利授权量十分显著的正向影响（Zhang and Rogers，2009）。有观点认为，企业外部知识搜寻的深度可以促进其渐进性创新绩效，而知识搜寻的广度可以提升根本性创新绩效（Chiang and Hung，2010）。王闻萍（2008）指出企业自主知识产权可以成为企业核心竞争力。此外，有部分学者认为，过于严苛的知识产权保护对创新往往产生负向影响，如劳尔森和沙尔特（Laursen and Salter，2006）指出，如果企业对知识所有权的维护过于重视，就会导致一种病症——"保护近视症"，即企业陷入所有权的旋涡之中无法自拔，在获取利益方面狭隘地寄希望于知识产权，缺乏整合外部资源与支持的意识。不难推断，这样的病症将对企业的创新产生消

极影响。

根据以上分析，本章提出研究假设：

H1：知识产权管理绩效正向影响创新效率。

二、知识产权管理绩效与企业吸收能力

吸收能力涵盖知识获取、消化、转化和应用4个过程，这种能力的强弱会直接影响企业外部知识源搜寻和转化效率的速度（周志刚等，2019）。扎拉和乔治（Zahra and George，2002）认为，可以将对外部知识层次的获取和消化归纳为潜在吸收能力，而对外部知识层次的转化和应用则归纳为实际吸收能力。其中，获取是指企业取得有意义的外部知识，消化是指企业学习并理解外部知识，转化是指优化组合外部知识与自身知识，应用是指根据市场需求重组知识。

当企业的知识产权管理绩效处于不理想的状态时，在一定时间内获取的关于新商标、新专利、新技术等相关信息量会不尽如人意。企业缺乏捕获所需的外部知识源途径，自身的吸收能力受到一定程度的抑制，使得企业吸收能力支持企业进行流程创新的力度不强，为企业拥有良好的创新绩效奠定不了坚实的基础，因而企业创新绩效低迷。当企业的知识产权管理绩效处于理想状态时，就能够对各类知识产权资源进行恰当组合，为企业提高创新效率打下坚实的基础，因而创新绩效佳（周文光和李尧远，2016）。

基于开放式知识产权管理的视角，高知识产权绩效催发企业间自主知识产权交互，通过专利交叉许可、知识产权联盟等各类知识产权合作手段，通过知识及信息的搜索、获取、转移和应用等流程，促进不同企业知识吸收能力的提升，充分实现知识向技术和生产力的转化应用，从而推动企业创新效率的提升。根据以上分析，本章提出以下假设：

H2：知识产权管理绩效正向影响企业吸收能力。

三、企业吸收能力同创新效率

一般而言，知识产权管理绩效能够通过吸收能力对企业创新绩效产生影响。孙冰和沈瑞（2017）指出，要想使企业创新扩散效率得到明显提高，可以借助于企业实际吸收能力；付敬和朱桂龙（2014）提出一个综合

分析框架，旨在说明知识源化战略对企业创新绩效产出的影响，研究指出企业创新产出受企业真实吸收能力影响的效果明显；张振刚等（2015）研究发现企业创新效率的高低也受到企业实际吸收能力的影响，且企业实际吸收能力在开放式创新（外向式和内向式）与创新效率之间扮演着中介的角色。根据已有研究可知，企业吸收能力的强弱会直接影响企业创新效率的高低，即企业知识吸收能力越强，越有助于促进企业知识创新和成果产出（周志刚等，2019）。根据以上分析，本章提出以下假设：

H3：企业吸收能力能够对企业创新效率产生正向促进作用。

四、企业吸收能力的中介作用

企业的知识吸收能力很大程度上取决于企业自身知识产权管理水平，高知识产权管理绩效为企业学习能力、吸收能力的提升奠定了雄厚的基础，而吸收能力的提升进一步增加了企业理解、消化、吸收知识产权的可能性，促进知识产权从实验、开发领域向规模生产、商业领域转化，最终实现为企业用于商业化的创新产出。由此可以推断，在知识产权管理绩效同企业创新效率之间，吸收能力扮演着纽带和联结的角色。因此，企业知识产权资源会通过吸收能力提升而得到高效应用，从而有可能突破创新瓶颈，加快新技术研发、新产品开发以及各种专利技术的商业化，进而提升企业创新效率。基于以上分析，本章提出以下假设：

H4：企业吸收能力在知识产权管理绩效和创新效率之间起中介作用。

五、组织邻近性的调节作用

波斯玛（Boschma，2005）完善了多维邻近性分析框架，将邻近性分为认知邻近、组织邻近、社会邻近、制度邻近和地理邻近五个维度。在企业交互层面，邻近性一般被认为是企业间知识共享、转移和技术获取的先决条件，组织邻近性对知识产权管理绩效与创新效率关系作用尤为明显。曾德明等（2014）将组织邻近性设定为反映合作主体间在组织特征方面的近似程度，如组织社会关系、组织结构、社会地位、文化、制度约束等。因此，组织邻近包括文化邻近、制度邻近和社会邻近等维度。组织邻近一般会有利于组织间各类智力成果的转移，尤其有利于在知识产权开发、运营过程中不容易划分专属权和非标准性智力成果的转移。当组织邻近程度高时，组织间许可技术智力成果就变成一种内部化的行为，这使得被许可企业可以最大限度地通过广泛的交互获取所需的智力成果，刺激了开放式知识产权管理绩效的提升，进而更有效地消化、吸收和应用所受让的知识，极大地提升了企业对创新资源利用效率。王丽平和栾慧明（2019）指出，如果合作主体双方组织邻近程度高，那么合作双方就会愿意遵循共同的行为准则或者惯例，由此产生的共同归属感能顺利推进双方的交互合作。同时，具有高组织邻近的合作双方在表达系统方面有诸多相似的地方，例如共同的语言表达、理解方式、知识基础以及信念，这种相似的行为逻辑在双方相互的沟通、理解与合作方面起着重要的作用。同时，共同的信念与认知有利于减少合作双方对知识产权规则在理解层面存在的偏差，且通过相关知识产权制度，使范式的落实行动效率提高、沟通无障碍；而基于相似行为逻辑的合作对正式规则的需求在减少，且有利于推进合作和顺利开展创新活动（Steinmo and Rasmussen，2016）。根据以上分析，本章提出以下假设：

H5：组织邻近性在知识产权管理绩效和创新效率之间起调节作用。

综上所述，本章构建了如图 10-1 所示的概念模型。

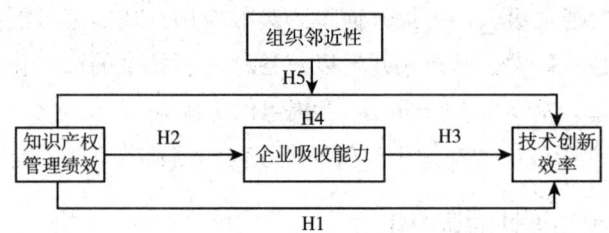

图 10-1　知识产权管理绩效对创新效率的作用机理概念模型

第二节　实证研究设计

一、问卷设计与数据收集

本章研究所用量表均在参考国内外成熟量表基础上，根据研究需要删减、修改而成。其中，知识产权管理绩效根据康鑫（2016）设计的量表加以修订而成，从知识产权开发、协同、保护、运营四个维度进行测量，共

12 个题项。创新效率主要借鉴阿莱格里等（Alegre et al., 2009）对创新效率的测度，设计了 4 个题项，包括"与竞争对手相比，本公司新产品数量较多""与竞争对手相比，本公司能够更快推出新产品"等。知识吸收能力参考扎拉和乔治（Zahra and George, 2002）以及戴勇等（2018）的维度划分方式，用潜在吸收能力和现实吸收能力表现知识获取、吸收、转化和利用 4 种能力，最终形成 6 个题项。组织邻近反映了组织间特性的相似性，包括结构、文化、制度约束、社会关系与地位等维度上的相似性，本研究通过测量产学研合作组织之间在目标、知识、文化、制度 4 个维度的相似程度来度量组织邻近，一共 9 个题项（王丽平和栾慧明，2019）。

为保证问卷可靠性，本研究选择向黑龙江省部分高技术企业发放 60 份问卷进行预调研，并根据调研结果和专家建议进行修改，最终形成正式问卷。依照高技术企业的认定标准并结合实际研究需要做出以下三个限定：（1）研究样本涵盖电子通信、生物制药及软件开发等多个高技术领域；（2）被调查对象为高技术企业的知识产权从业人员、科研人员、高层管理人员，需具备本科及以上学历；（3）调研区域努力覆盖创新与创业活动差别较大的地区以保证调查结果的可靠性。最终选择北京、广东、上海、吉林和黑龙江等省份的 42 家高技术企业，通过实地调研、电子邮件及委托发放等方式投放调查问卷 840 份，回收 617 份，剔除回答不完整与非正常性填写问卷后（答案存在明显规律性）最终获得有效问卷 564 份，有效率 67.14%。对参与问卷调查人员进行描述性统计显示，按职位划分，科研人员占 68.11%，中高层管理人员占 31.89%；按学历划分，本科学历占 46.18%，硕士研究生占 23.58%，博士研究生占 30.24%；按工作年限划分，1~5 年的占 18.72%，6~10 年的占 43.19%，10 年以上的占 38.09%。

二、信度与效度分析

总体 Cronbach's α 系数为 0.801，说明量表具有良好的信度，其他各分变量的 Cronbach's α 系数均在 0.7 以上（见表 10-1）。采用 Harman 单因素检验对数据进行共同方法偏差检验，检验结果 KMO 值为 0.841，Bartlett 球形度检验显著。进一步将所有变量进行探索性因素分析，结果显示并没有出现共同方法偏差的情况，这就意味着各变量表现出良好的判别效度。综上，表明本研究所采用的题项及数据具有良好的内部一致性。

表 10-1　量表的信度、效度分析

变量	维度	观测变量	因子载荷	Cronbach's α
知识产权管理绩效	知识产权开发	V_1	0.673	0.746
		V_2	0.568	
		V_3	0.637	
		V_4	0.641	
	知识产权协同	V_1	0.607	
		V_2	0.711	
		V_3	0.741	
		V_4	0.678	
	知识产权保护	V_1	0.748	
		V_2	0.774	
	知识产权运营	V_1	0.682	
		V_2	0.664	
创新效率	—	V_1	0.685	0.788
		V_2	0.598	
		V_3	0.614	
		V_4	0.731	
知识吸收能力	潜在吸收能力	V_1	0.690	0.802
		V_2	0.608	
		V_3	0.780	
	现实吸收能力	V_1	0.745	
		V_2	0.737	
		V_3	0.733	
组织邻近性	目标	V_1	0.724	0.824
		V_2	0.635	
		V_3	0.680	
	知识	V_1	0.560	
		V_2	0.676	
	文化	V_1	0.709	
		V_2	0.716	
	制度	V_1	0.773	
		V_2	0.605	

资料来源：SPSS 统计输出。

运用 Amos 统计分析软件对知识产权管理绩效、创新效率、知识吸收能力和组织邻近性等进行区分效度检验，结果如表 10-2 所示，四因子模型数据拟合效果最佳，其中 $\chi^2/df = 1.482$，IFI $= 0.914$，TLI $= 0.902$，CFI $= 0.909$，RMSEA $= 0.041$，说明 4 个变量具有良好的区分效度。

表 10-2　　　　　　　　　　验证性因子分析

模型	χ^2/df	RMSEA	IFI	TLI	CFI
四因子	1.482	0.041	0.914	0.902	0.909
三因子	1.597	0.049	0.847	0.870	0.853
二因子	1.751	0.055	0.764	0.815	0.817
单因子	2.018	0.069	0.699	0.712	0.742

注：N = 564；
单因子模型 = 知识产权管理绩效 + 知识吸收能力 + 组织邻近性 + 创新效率；
二因子模型 = 知识吸收能力 + 组织邻近性 + 创新效率，知识产权管理绩效；
三因子模型 = 知识产权管理绩效，知识吸收能力 + 组织邻近性，创新效率；
四因子模型 = 知识产权管理绩效，知识吸收能力，组织邻近性，创新效率。
资料来源：AMOS 统计输出。

第三节　假设检验与实证分析

一、相关性分析

利用 Pearson 系数分析变量之间的相关性，结果见表 10-3。由表 10-3 可知，知识产权管理绩效、创新效率、吸收能力和组织邻近性之间具有一定的相关性，相关系数在 0.5 以下，说明数据不存在多重共线性。

表 10-3　　　　　　各变量的均值、标准差和相关系数

变量	M	SD	1	2	3	4	5	6	7
人员类别	1.877	0.404	1	—	—	—	—	—	—
受教育程度	2.863	0.578	0.134	1	—	—	—	—	—
工作年限	2.461	0.665	0.021	0.293*	1	—	—	—	—
知识产权管理绩效	3.417	0.418	0.062	0.013	0.036	1	—	—	—

续表

变量	M	SD	1	2	3	4	5	6	7
吸收能力	3.890	0.506	0.019	0.004*	0.643	0.394**	1	—	—
组织邻近性	2.983	0.541	0.026	0.187	0.039	0.235	0.172*	1	—
创新效率	3.716	0.452	0.018	0.313*	0.099	0.660**	0.371*	0.524*	1

资料来源：SPSS 统计输出。

二、潜变量路径分析

为进一步验证各变量之间的内在作用，对各变量进行结构方程的潜变量路径分析。首先，构建出知识产权管理绩效对创新效率的直接作用模型 1（M1）；其次，引入吸收能力变量，构建模型 2（M2）和模型 3（M3）；最后，检验知识产权管理绩效对吸收能力、吸收能力对创新效率的作用，详细结果如表 10 - 4 所示。

表 10 - 4　　　　　　　结构方程模型拟合指标

模型	非标准化估计值	S.E.	C.R.	P	标准化估计值	χ^2/df	RMR	RMSEA	IFI	TLI	CFI	GFI
M1	0.923	0.177	5.294	***	0.525	1.538	0.042	0.042	0.917	0.906	0.912	0.901
M2	0.806	0.159	5.133	***	0.532	1.626	0.038	0.045	0.923	0.927	0.911	0.904
M3	0.611	0.083	6.629	***	0.506	1.701	0.037	0.049	0.912	0.934	0.937	0.913

资料来源：AMOS 统计输出。

由表 10 - 4 可知，模型 1 至模型 3 中，各个指标均符合或临近于 Amos 整体模拟配适度的评价指标及评价标准。其中模型 1 描述知识产权管理绩效对创新效率的影响，路径系数为 0.923（p < 0.001），表明知识产权管理绩效对创新效率起正向影响，假设 H1 得以验证；模型 2 描述知识产权管理绩效对吸收能力的影响，路径系数为 0.806（p < 0.001），假设 H2 成立；模型 3 描述吸收能力对创新效率的影响，路径系数为 0.611（p < 0.001），假设 H3 成立。

三、企业吸收能力的中介效应

参考安德鲁（Andrew，2015）关于中介变量模型的构建体系建立潜变量中介模型。中介模型分析结果见表 10-5，所需各拟合指标数据均达到标准水平（RMSEA = 0.042，IFI = 0.927，TLI = 0.912，CFI = 0.932，R^2 = 0.795）。知识产权管理绩效正向影响吸收能力（β = 0.84，$p < 0.001$），吸收能力也正向影响创新效率（β = 0.91，$p < 0.001$）。

表 10-5　　　　　　　　　　中介模型路径系数

路径	非标准化估计值	S.E.	C.R.	P	标准化估计值
吸收能力←知识产权管理绩效	0.756	0.136	5.422	***	0.431
创新效率←吸收能力	0.469	0.057	6.949	***	0.424

资料来源：AMOS 统计输出。

在此采用偏差校正非参数百分位 bootstrap 法对吸收能力的中介效应进行进一步验证，设定重复随机抽样的次数为 2000 次，95% 的效应置信区间，结果如表 10-6 所示。吸收能力中介效应的置信区间不包括 0，表明中介效应显著（β = 0.825，$p < 0.05$），因此，假设 H4 得以证明。

表 10-6　　　　　　　　　　Bootstrap 中介效应检验

路径	效应值	SE	Bias-corrected 95% CI		Percentile 95% CI	
			Lower	Upper	Lower	Upper
吸收能力←知识产权管理绩效	0.803	0.205	0.454	1.491	0.399	1.476
创新效率←吸收能力	0.416	0.122	0.159	0.668	0.204	0.893

资料来源：AMOS 统计输出。

四、组织邻近性的调节效应

在验证调节效应以前，首先通过 VIF 值和 DW 值对变量之间的多重共线性问题进行检验。检验结果表明，VIF 值小于 10，同时 DW 值趋近于 2，证实回归模型不存在严重的多重共线性。

根据温忠麟等（2005）学者提出的调节效应检验程序，对调节效应检验中涉及的变量均进行中心化处理，参考和借鉴缪勒等（Muller et al.，2005）学者运用的依次检验法对假设 H5 进行验证。

根据表 10-7，如模型 4、模型 5 所示，创新效率对组织邻近性、调节变量和交叉乘积项（创新效率×组织邻近性）的回归显示组织邻近性在知识产权管理绩效与创新效率之间起正向调节作用（$\beta = 0.239$，$P < 0.01$），假设 H5 得到验证。

表 10-7　知识产权管理绩效、创新效率及组织邻近性的层次回归分析

调节作用 （调节效应）	变量	自变量 知识产权 管理绩效	调节变 量组织 邻近性	调节 效应	R^2	调整 R^2	DW	模型 F	VIF
模型 4 （M4）	组织 邻近性	0.155*	0.463**	—	0.214	—	1.847	104.743***	<10
模型 5 （M5）	组织 邻近性	0.262*	0.582**	0.239**	0.234	0.033	1.904	97.961***	<10

注：调节效应：知识产权管理绩效×组织邻近性，N=564，*P<0.05，**P<0.01，***P<0.001。

资料来源：AMOS 统计输出。

第十一章 开放式知识产权管理系统与创新效率协同保障政策体系研究

第一节 产业层面

一、构建三元协同知识产权及创新服务体系

(一) 三元协同主体内容

从产业层面看,不论是高技术企业开放式知识产权管理,还是高技术企业创新管理,所涉及的参与主体均主要包括政府、市场和社会主体三方。其中,政府是高技术企业知识产权管理和创新的主导者和规则的制定者,为市场和社会营造知识产权发育环境和各类创新资源条件,如建设各类专利检索数据库、搭建知识产权合作平台、提供各类知识产权专项孵化政策、进行公共研究实验室建设以及提供各类资金支持等。市场的参与主体还包括各类既竞争又合作的高技术企业,企业是各类知识产权资源和创新资源的承载者,也是积极推进知识产权合作、开展各类创新实践的推动力量。社会主体则主要包括高校科研院所、中介服务机构和行业协会等,主要掌握知识产权和创新等服务类资源,三者之间应协同推进,巩固知识产权管理绩效同创新效率的关系。

(二) 三元协同主体三螺旋模型

三螺旋模型最早由埃茨科维茨和雷德斯道夫 (Etzkowitz and Leydesdorff, 1995) 提出,他们认为企业创新活动离不开政府、大学和企业的密切合作,三者的配合过程能够充分融合技术、信息、支持等多方资源,形成"1+1>2"的协同效应。该观点也为本章的研究提供了较为充分的理论支撑。三元协同主体在高技术企业开放式知识产权管理绩效对创新效率作用机理分析框架内作用凸显,具体来说,政府是三螺旋模型中的外部催动源,支配高技术企业各类活动中的各类资源,为社会主体(高校、科研院

所以及行业协会等）和企业主体展开合作营造理想环境，形成从权力支撑资源到环境服务资源再到技术创造资源的良性互动；社会主体是三螺旋模型的基础，为知识产权研发和创新的开展承担基础研究和高技术领域原始创新功能，为各类专利、新技术的商业化和技术的发展提供坚实的理论基础和先期探索，若其积极同企业合作，也可以实现创新形式的多元化；市场主体主要包括各类高技术企业，企业之间既存在围绕各类知识产权、技术标准、创新资源和创新产品之间的竞争，也包括专利交叉许可、技术联盟、知识产权合作以及接力创新等协同行为。政府、社会主体和企业形成良性互动、多元协同的螺旋上升态势。

  知识产权服务供给创新的参与主体同样有三方，主要包括高校、各类科研院所及各类行业协会，三者之间如何进行协同运行可以参考该理论模型，即构建一个"政府—社会—企业"模式的大三螺旋为基本动能，推动"环境服务资源—权利服务资源—技术服务资源"这样的小三螺旋，各参与方在知识产权服务创新发展的双螺旋结构理论体系中呈现协调一致的发展趋势，如图11-1所示。在知识产权的服务供给方面，大三螺旋的服务供给主体间以知识产权服务领域为中心进行互动，小三螺旋则强调服务供给主体各方协作并交流服务资源要素而形成优势。组织在整体螺旋协作中

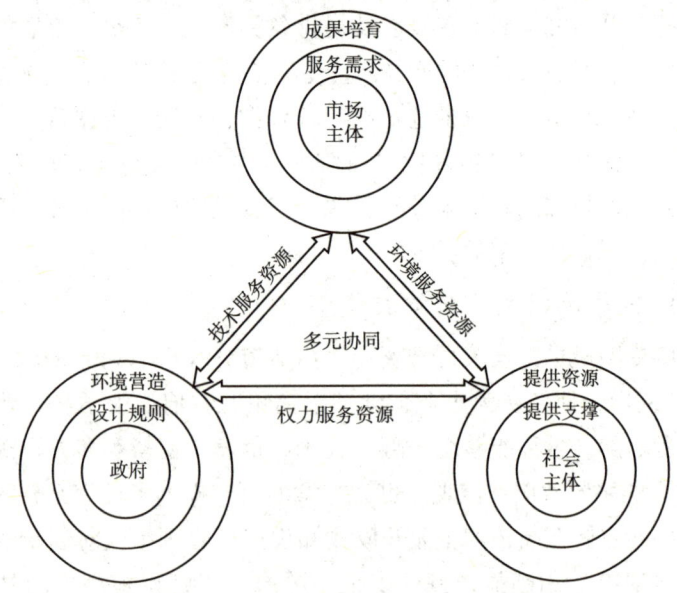

图11-1 知识产权服务供给的双螺旋结构模型

会缔造出基础性服务资源,如政策合作、互动平台、协同网络等,与此同时,服务创新资源又会在资源协作中诞生。

二、三元协同主体"三螺旋"模型运行机理

从图11-1的双螺旋结构模型中可知,服务主体协同中的螺旋体包括政府、市场主体(知识产权服务型企业)和社会主体(高校、研究院以及行业协会等)。

政府在创新活动螺旋体中扮演的角色不可或缺,它不仅是三元协同知识产权及创新服务体系规则的设计者和推动者,还是各类创新型服务的提供者。为积极推行科技创新战略,不断提高高技术企业的创新效率,政府必须将创新生态的发展与社会及市场主体紧密联系起来,帮助创新主体将创新成果转化为专利产出。因此,政府可规划符合知识产权战略的长期发展方向,努力通过多种渠道打造知识产权服务环境,重点培养创新优势突出的高技术企业并为它们提供创新成果共享平台和良好的法律环境。

知识产权服务企业作为市场中的供给主体,包括部分中介服务机构。在协同服务供给中,企业的敏捷性和洞察力在知识产权服务需求方面尤为突出,它们会认清自身的实力及制定合理的战略去发掘隐蔽的服务需求,创造出满足市场需求的服务产品。在创新市场内,创新主体的需求动机涉及知识产权"三化",即权利化、商用化和产业化。部分中介服务机构便充当了协同知识产权服务的媒介角色,为了使创新链条保持完整性,会为不同范畴的创新主体提供创新成果转换为知识产权的服务。

高校、科研院所及行业协会等是社会主体的主要构成部分,它们在协同机制中往往发挥生产和提供知识源、技术源的作用。知识生产机构一般会搭建设备功能齐全的实验室,在知识产权创造方面承担重任。通过资源共享,如实验室资源、人力资源等,发挥自身优势,向政府技术战略目标看齐,与企业协作研发产品或者技术,有效产出知识产权成果,跟上科技创新发展速度。

三、完善知识产权服务供给中的政府责任机制

供给主体也称知识产权服务供给责任主体,包括政府、市场主体和社会组织,它们各自肩负的责任属性不尽相同。知识产权服务对供给侧结构

性改革和双创型社会构建具有非常显著的正向影响，按责任属性划分，政府承担的责任被称为政治责任、综合责任；市场主体和社会主体则不可避免地承担着社会责任和具体责任。"责任"二字所赋予的内涵最终由政府来实施完成设定、评估和追究。鉴于此，这里就重点探讨政府责任机制在知识产权服务供给中如何构建。建立政府责任机制的方略主要可以从两个方面展开。一是价值层面，政府应该强化通过知识产权服务供给促使经济结构转型和提升科技创新能力的意识，全心全意致力于制定制度、给予财政支持和提供社会资源来不断完善知识产权服务机制。二是技术层面，结合知识产权服务供给过程和监督、评估、反馈等环节构建政府绩效评估体系（孔令兵，2019）。具体有三方面内容。

（一）促进区域产业结构升级，提高企业绿色创新效率

尽管我国东部地区的工业企业已达到中高级技术水平，但是与国外技术水平进行比较，仍然存在差距，对消化吸收引进技术投入力度偏小，所以未来要想提高创新能力，就必须更加注重技术引进工作，提升过往技术的消化再吸收能力。中部地区虽然资源丰富，但是资源利用效率低，未来应重视对资源的优化配置，加大创新投入力度，完善管理制度等。西部地区虽然创新势头不错，但创新水平依然较低，未来可以增进区域间的交流合作，给予政策支持吸引投资，借鉴高水平管理方略和引进研发人才，提高创新发展水平。同时，三大区域应树立合作共赢的意识，以高带低，合理分配资源，促进产业结构升级，提升区域创新效率。

（二）优化人力资本结构，提高企业创新能力

人力资本不仅有利于促进区域创新能力，而且还有助于增强创新效率的稳定性。虽然我国现阶段人民的教育水平越来越高，但是高精尖技术和管理人才十分匮乏。因此，政府需要加强对教育领域的投资，制定教育优惠政策，鼓励社会各方投资助力教育事业，提高人力水平。企业应升级内部人力资本结构，引进高水平研发人才，鼓励内部人员继续深造以提高其业务能力水平，增进与相关企业的创新交流，推动企业创新能力更上一层楼。

（三）差异化知识产权保护制度，发挥区域创新溢出作用

有学者研究明确表明，对知识产权的保护力度会影响创新效率的提

升,但由于我国区域发展不平衡以及现行知识产权法律和服务依旧存在许多漏洞等,致使知识产权保护力度不足,无法给创新效率的提升带来正向影响。未来需要因地制宜以及因行业性质而制定不同的知识产权制度。对于经济发展水平较好的地区以及注重知识产权的行业可以适当增加知识产权保护强度,加强知识产权管理,保护创新成果,强化知识产权对创新效率的积极作用。对于经济发展水平较低的地区以及对知识产权重视不高的行业可以适当降低知识产权保护强度,以便减少技术模仿成本,方便外来技术流入,促使资源投入获益最大化以及提高创新效率(姜谷静,2020)。

第二节 企业层面

一、建立高技术企业知识产权管理系统

创新需要经历一个从无到有的过程:不断输入信息是实现创新的第一步,再进行不断探究和实验,直到产生成果。知识产权为企业智力成果的归属提供了保障,广泛推广知识成果有助于激励创新主体的创新欲望(多西,1992)。知识产权对企业发展的益处主要体现在以下三个方面:第一,知识产权保障企业能够合法独占其核心业务的关键技术,通过技术改进来保持企业在市场竞争中的有利地位,促使其现有业务在发展中拥有优势;第二,知识产权为成功研发技术提供动力,营造良好的业务环境,刺激企业开发新业务开拓产品新市场,而规避发展新业务可能会使企业遭受知识产权风险;第三,知识产权可以为企业直接创造利益,如让渡知识产权的使用权、直接售卖知识产权所有权。

对于知识产权管理者而言,传统知识产权创新的循环路径是先研发,其次是创造,再者是保护,最后是市场,该循环是一种正向循环。然而在创新型经济的市场环境下,技术产品保护范围越来越窄,大多企业采用的是反向循环:首先调查分析知识产权,明确知识产权保护的新商机,然后给予研发部门具有预见性和目标性的研发建议,并提前清楚知识产权是否能够充分保护这项业务。

在如今的信息化时代中,知识可谓经济发展中的香饽饽,知识产权也当仁不让地成为企业可持续发展的优质资源。以市场为导向的企业自主知

识产权战略对企业持续提升创新能力具有显著的积极影响,并间接影响创新效率。无论是以知识资本理论为主线,还是以开放式创新型经济增长理论为辅线进行深入剖析,都可以找出创新效率受企业自主知识产权战略影响的痕迹,企业只有将自身实际情况和市场需求结合起来考虑,然后策划和执行自主知识产权方案,由浅入深地推进创新,才能使创新效率得到有效提高。

(一) 重视以市场为导向的企业自主知识产权战略

将企业自主知识产权战略和创新绩效关联的内涵进行分析和实证研究发现,以市场为导向的企业自主知识产权战略与创新绩效存在全面关联关系,企业强化二者之间的关联就有机会获得更多创新灵感,强调并加强对自主知识产权战略的有效管理,促使创新绩效提高。以市场为导向的企业自主知识产权战略积极影响创新绩效,包括技术绩效、市场绩效和整体绩效,且明显高于以技术和政策为导向的企业自主知识产权战略对创新绩效的影响水平,充分表明只有基于市场趋势和客户需求而制定的自主知识产权战略才能最大限度地保障企业的获取高利润和长远发展。

(二) 基于市场需求,更新以往规划自主知识产权战略的理念

企业想要获得可持续发展,让企业走向强大,必须通过投入知识产权资源来提升自身的创新能力,从而促使创新绩效升高。以市场为导向的企业自主知识产权战略一方面可以保障产品需求稳定增长,巩固了既定产品的市场需求;另一方面也可增加获得企业资源的渠道,使创新灵感迸发,实现创新收益。因此,企业必须更新理念,重视市场导向、知识经济、创新竞争;由管理人、财、物等有形资产向管理科学技术和知识等无形资产转变;由只重视产品生产数量和质量向寻求产品的高科技含量转变。以市场为主导,合理规划并有效实施自主知识产权战略,进一步提升科技创新水平,从而提升产品附加值和企业技术延伸能力。

(三) 确保自主知识产权战略制定及实施与创新并驾齐驱

虽然已知企业自主知识产权战略与创新绩效有很强的关联,但现如今我国企业在自主知识产权战略规划及施行方面取得的成绩仍不理想。通过分析企业的知识产权战略实施情况,可知国内企业普遍存在弊端,如缺乏创新、知识产权观念薄弱、部门负责人管理及规划不足等。企业只有将自

主知识产权战略的制定、实施与创新并驾齐驱、共同发展,才能增强并促进自主知识产权战略对创新绩效的正向影响。

(四)理性看待关于自主知识产权战略规划及实施的实证研究结论

通过实证分析研究假设和理论模型,强调企业的自主知识产权战略规划及实施,甚至对促进企业创新绩效提高均有无可比拟的借鉴意义。首先,企业应当丢弃过分强调数量轻视质量的专利研发申请理念,从理性的角度审视知识产权申请,有条不紊地申请专利权并构筑专利池;其次,企业应建立并完善知识产权保护策略,重视对专利的检索、风险评估和预测,并积极配合国内外及行业对标准的拟定;再次,企业应当积极运用知识产权,开辟运用路径,优化配置专利资源使产品打入市场,以获取更多的产品利益;最后,企业必须加大对知识产权的管理和控制,不断提升创新水平,以此使得创新绩效节节高升(屈晴晴,2018)。

二、增进高技术企业间创新成果的交流和进步

知识产权保护制度不是使创新成果处于闭塞的状态,而是在保护创造者的科技成果同时,会要求企业向公众展示自己的科技成果。知识产权保护也会成为创新资源的重要来源之一。刘春茂(2002)研究指出,我国专利法规定技术一旦申请发明专利,从申请提交日起18个月内予以公布,只有符合条件的产品才能授予专利。技术创造者要在规定的时间内公开其智力成果,这也是必须考虑的代价。

三、提升高技术企业创新活动效率

(一)增强高技术企业知识产权创造能力

创造知识产权的能力是高技术企业拥有知识产权的基础。高技术企业的知识产权创造能力可以推动其创新效率提升,而瞬息万变的技术环境和市场环境又给这一推动作用加码,所以提升企业的创新效率最佳的途径就是结合动态环境增强知识产权创造能力。

1. 保证知识产权产出质量

虽说我国近年的专利申请数量迅速上升,但我国高技术企业申请的自

主专利却非常少，缺乏基础性技术专利使创新成果成为产权得到法律的保护。高技术企业应该学习国外优秀专利和外围专利进行组合以获得收益的模式，形成具备核心技术的自主知识产权，以在市场竞争中获得突出的优势。伴随着高技术企业的迅猛发展，企业拥有的知识产权数量也增长不少，知识产权的数量是企业创造能力的基础，但知识产权的质量却是高技术企业知识产权创造能力的关键。因此，在提倡高技术企业创造更多自主知识产权时，也要提醒研发人员在对市场做了充分调查的基础上进行研发，使开发出来的技术或产品更加适应市场、符合客户的需求偏好；技术或产品投入市场之后，高技术企业的管理层应时刻关注市场动态和顾客反应，梳理总结市场和客户间接或直接提供的信息，对技术或产品进行改造，更新知识产权，进而提升知识产权的质量。

2. 培育和鼓励创新型人才

在知识产权的创造过程中，创新型人才是至关重要的，因此，提升高技术企业创新效率的关键是培养或者招揽一批具有知识产权创造能力的优秀人才。如今，高技术企业的研发人员流动速度越来越快，这既加快了企业寻找高素质人才的步伐，也给企业留住高精尖人才带来了不小的挑战。因此，要积极培育创新人才，首先，高技术企业应该抓住人才流动所带来的机遇，采取各种措施突破禁锢人才的内部体制，营造一个尊重知识、尊重人才和尊重创造的氛围，留住人才的同时吸引外部优秀人才进入高技术企业。其次，制定鼓励性的政策和措施，激发研发人员对知识产权开发工作的积极性，提升知识产权的质量。最后，为了鼓励人才积极创造知识产权，高技术企业可以在利益分配方面给予知识产权创造人才一定的公司股份或采取适当利益分配机制等，使人才从公司的发展中获益，进而提升员工的创新积极性。

3. 设立知识产权联盟

我国高技术企业真正强有力的竞争对手大多是发达国家的同行。随着全球科学技术的进步，我国高技术企业的崛起，使发达国家的高技术企业感受到威胁，国外通过专利和技术标准来打击我国的高技术企业的趋势已经愈发明显，这使我国高技术企业面临严峻的挑战。在这种严峻的形势下，我国高技术企业有必要建设知识产权联盟，知识产权联盟建设的意义在于"众人拾柴火焰高"，即可以集合联盟内的高技术企业的核心技术，聚成强大力量，完成技术突破，缩小与发达国家高技术企业的差距甚至实现超越，最终打破国外专利标准壁垒，实现我国高技术企业在国际市场上的可持续发展。除此之外，知识产权联盟使得联盟内的高技术企业由竞争对手变成了合作伙伴，不仅可以缓和原本高技术企业之间竞争的紧张气氛，减少不必要的资源损耗，还可以通过联盟内企业的知识产权交叉许可进行互相交流，最大限度地减少重复研究的可能性，提高企业创新能力与创新的成功率，从而降低技术风险、减少研发费用和交易成本，促进整个行业的技术进步。

(二) 增强高技术企业知识产权管理能力

知识产权管理能力是高技术企业知识产权能力的重要组成部分，并且能够促进高技术企业提升创新效率。在市场环境的剧烈变动下，这一促进作用的效果变强，因此增强高技术企业在动态环境下的知识产权管理能力有利于其创新活动高效进行，而提高知识产权的使用率和转化率是知识产权管理能力的手段之一。

目前，与国外同行业的企业所拥有的知识产权数量相比，中国高技术企业创造的知识产权数量还较少。所以，除了要充分利用我国高技术企业所拥有的专利、商标和技术秘密等形式的知识产权价值，还可以通过知识产权许可和转让等运营方式来增加高技术企业的经济收益，使知识产权的价值充分发挥。高技术企业从外部引进的知识产权，必须要进行充分的消化和吸收，并结合企业现有的知识产权，形成自身优势，发挥"1+1>2"的作用。

(三) 增强高技术企业知识产权保护能力

知识产权保护能力是高技术企业创造知识产权的底气。高技术企业的知识产权保护能力有利于其创新效率提升，而技术和市场环境的频繁变动增强了知识产权保护能力的作用，因此增强高技术企业在动态环境下的知识产权保护能力是提升高技术企业创新效率的重要渠道。

1. 完善知识产权立体保护机制

高技术企业既要保护自己的智力成果，同时也应尊重其他企业的智力成果。高技术企业要将知识产权保护意识贯穿知识产权开发、运营和整合的全过程。企业在研发、立项及开展经营活动之前要进行相关的知识产权查询，使企业的知识产权组合尽可能达到最优，降低维护知识产权的成本，也避免重复申请。在申请专利前，应当与涉密人员签订保密协议，避免专利权受到侵犯，谨防给高技术企业造成严重损失。对于那些尚未达到申请专利保护标准，但又对企业发展起到积极作用的知识产权，应作为技术秘密进行保护。建立安全高效的信息保密机制和知识产权预警机制，基于预警机制，构建合适的保护方式和手段；建立知识产权维权机制，保护高技术企业的自主知识产权。

2. 强化知识产权保护意识

积极宣传与知识产权相关的法律法规，让知识产权的法律保护意识深入人心，尤其是高技术企业的员工。高技术企业要将企业内知识产权保护现状和自己的发展特点结合起来，并配以合适的宣传方式，例如高技术领域通过宣讲与知识产权相关的知识来培训员工，培育员工树立知识产权意识，从而增强高技术企业的知识产权保护能力。

要让高技术企业的员工意识到新时代下企业之间的竞争其实是各家企业自主知识产权的竞争，由此意识到知识产权保护工作对企业发展的重要性。通过讲座和案例分析等形式来宣传知识产权及其保护，强化高技术企业的研发人员和管理层提供保护措施的意识，完善维权体系。

（四）增强高技术企业知识产权整合能力

知识产权整合能力是高技术企业知识产权能力的又一重要组成部分。无论是从理论实证结果看还是从实践结果看，高技术企业的知识产权整合能力都有利于其创新效率提升，而技术和市场环境剧烈运动这一动态性增强了整合能力对创新效率的积极作用。因此，增强高技术企业在动态环境下的知识产权整合能力是提升高技术企业创新效率的又一重要渠道。

1. 培养和招揽知识产权管理人才

高技术企业中知识产权管理人员的素质对企业知识产权整合能力产生很大影响。由于知识产权涉及的知识范围广，包括法律、经济、科技、管理等，整合知识产权不仅跨部门还有可能跨企业，故而对知识产权人员的技能要求也是综合的。知识产权管理人员不仅要了解相关的技术知识，还应熟练掌握知识产权法律知识，还要有睿智的经济头脑、敏锐的洞察力。聘用和培养高技术企业人才，特别是管理人才，有利于增强高技术企业的自主知识产权能力。

2. 制定知识产权管理政策

知识产权管理政策是提高知识产权整合能力的重要途径，知识产权规章制度建设为高技术企业进行知识产权管理工作提供保障。完善的知识产权管理政策有助于知识产权整合工作高效完成，有助于现存的知识产权运营和保护，还可以促进原有知识产权整合以进行产品再次创新，衍生出新的知识产权。高技术企业应该将自身实际情况和外部环境现状纳入考虑范围，然后制定符合自身特色且全面而系统的知识产权管理政策。管理政策不仅要利于解决企业目前所面临的知识产权问题，还要明确关乎企业未来发展的知识产权方向（迟铭，2016）。

参考文献

[1] 毕红毅，时英. 中国跨国公司成长条件和成长路径 [J]. 理论学刊，2013（12）.

[2] 毕克新，黄平，石宇. 基于制度均衡的国际科技合作知识产权制度创新研究 [J]. 中国科技论坛，2012（1）.

[3] 鲍新中，王言，霍欢欢等. 知识产权质押融资风险动态监控平台构建与实现 [J]. 科技管理研究，2016，36（20）.

[4] 鲍宗客，施玉洁，钟章奇. 国家知识产权战略与创新激励——"保护创新"还是"伤害创新"？[J]. 科学学研究，2020（5）.

[5] 陈俊霖，宋砚秋，王云亭，张笑语. 王志锋. 知识产权管理绩效评价：一种基于专家意见遴选的模糊综合评判模型 [J]. 中国科技资源导刊，2014，46（6）.

[6] 陈伟，康鑫，冯志军，田世海. 基于 GEM – DEA 模型的区域高技术企业科技成果转化效率评价研究 [J]. 软科学，2011（4）.

[7] 曹建如. 印度知识产权管理及科研机构技术转移政策初探 [J]. 全球科技经济瞭望，2009（24）.

[8] 陈丽. 中国海关知识产权边境保护与 WTO 知识产权协议的比较及发展方向 [J]. 南方经济，2002，20（12）.

[9] 迟铭. 知识产权能力对高技术企业创新绩效影响研究 [D]. 哈尔滨工程大学，2016.

[10] 陈美章. 技术创新与知识产权 [J]. 知识产权，1999，13（6）.

[11] 曹兴，马慧. 新兴技术"多核心"创新网络形成及仿真研究 [J]. 科学学研究，2019，37（1）.

[12] 陈瑜. 企业技术创新的知识产权保护 [J]. 北京理工大学学报（社会科学版），2002（2）.

[13] 陈敏. 有效的员工激励机制对企业内部管理的作用 [J]. 东方企业文化，2015（6）.

[14] 迟国泰, 齐菲, 张楠. 基于最优组合赋权的城市生态评价模型及应用 [J]. 运筹与管理, 2012 (2).

[15] 戴勇, 朱桂龙, 刘荣芳. 集群网络结构与创新绩效关系研究: 吸收能力是中介变量吗? [J]. 科技进步与对策, 2018 (9).

[16] 多西. 技术进步与经济理论 [M]. 北京: 经济科学出版社, 1992.

[17] 弗里曼. 工业创新经济学 [M]. 北京: 北京大学出版社, 2004.

[18] 付敬, 朱桂龙. 知识源化战略、吸收能力对企业创新绩效产出的影响研究 [J]. 科研管理, 2014 (3).

[19] 冯涛, 杨惠玲. 德国企业知识产权管理的现状与启示 [J]. 知识产权, 2007 (5).

[20] 冯晓青. 技术创新、知识产权战略模式的互动关系探析 [J]. 知识产权, 2014 (4).

[21] 冯晓青. 企业知识产权战略 (第2版). 北京: 知识产权出版社, 2005.

[22] 冯志军, 陈伟. 中国高技术产业研发创新效率研究——基于资源约束型两阶段DEA模型的新视角 [J]. 系统工程理论与实践, 2014, 34 (5).

[23] 郭峰. 开放式创新下的企业知识产权管理策略 [J]. 现代国企研究, 2018 (6).

[24] 郭亚军, 张发明, 易平涛. 标度选择对综合评价结果的影响及合理性分析 [J]. 系统工程与电子技术, 2008 (7).

[25] 耿丽辉. 浅谈自主创新与知识产权保护 [J]. 商场现代化, 2008 (32).

[26] 关健鑫. 我国高新技术企业国际化经营知识产权战略管理研究 [D]. 哈尔滨工程大学, 2008.

[27] 郭庆存. 企业技术创新与专利战略 [J]. 知识产权, 1999 (4).

[28] 顾淑婷, 韩连任, 史晓东. 创新型企业知识产权管理策略研究 [J]. 中国发明与专利, 2020, 17 (9).

[29] 郭晓凤. 高新技术企业知识产权管理与绩效分析 [J]. 中国高新科技, 2017, 1 (1).

[30] 郭永辉, 郭会梅. 合作创新中的知识产权问题研究 [J]. 中国

科技论坛，2010（9）.

[31] 贺贵才，于永达. 知识产权保护与技术创新关系的理论分析[J]. 科研管理，2011，32（11）.

[32] 黄国群. 开放式创新中知识产权协同管理困境探究[J]. 技术经济与管理研究，2014（10）.

[33] 黄国群. 企业知识产权管理系统及其优化策略研究[J]. 情报杂志，2011（12）.

[34] 黄洁. 企业知识产权信息消费优化策略研究[J]. 情报理论与实践，2011，34（7）.

[35] 何丽敏，刘海波，张亚峰. 知识产权保护与经济水平对技术创新的作用机制研究[J]. 科技进步与对策，2019，36（24）.

[36] 侯曼，武敏娟，邢战雷. 基于协同视角的企业知识产权运营管理实证研究[J]. 科技管理研究，2018，38（14）.

[37] 黄蕊. 基于协同创新的企业知识产权合作模式及运行机制研究[D]. 华侨大学，2015.

[38] 何向武，周文泳. 区域高技术产业创新生态系统协同性分类评价[J]. 科学学研究，2018，36（3）.

[39] 洪勇，吴勇. 发展中国家知识产权保护程度相对评价方法研究[J]. 科学学与科学技术管理，2011，32（2）.

[40] 胡云侠. 浅谈企业知识产权管理[J]. 石油科技论坛，2009（20）.

[41] 胡允银，邓艺. 地区知识产权形象评价研究[J]. 技术经济与管理研究，2010（2）.

[42] 韩朝亮，恒洋. 黑龙江省产业技术创新战略联盟知识产权发展研究[J]. 商业经济，2010（20）.

[43] 贾辰君. 论我国知识产权公共服务供给的现状和改进[J]. 科学管理研究，2015，33（2）.

[44] 姜谷静. 知识产权保护、工业企业绿色创新效率及其空间溢出效应[D]. 安徽财经大学硕士学位论文，2020.

[45] 孔令兵. 科技创新背景下知识产权服务供给机制研究[D]. 北京：中国科学技术大学，2019.

[46] 康鑫. 基于最优组合赋权法的高技术产业开放式知识产权管理

绩效研究[J]. 科技管理研究, 2016 (20).

[47] 康鑫. 高技术企业开放式知识产权管理系统研究[M]. 北京: 科学出版社, 2019.

[48] 刘春茂. 知识产权原理[M]. 北京: 知识产权出版社, 2002.

[49] 李海超, 李志春. 高技术产业原始创新系统分析及创新能力评价研究[J]. 中国管理科学, 2015, 23 (S1).

[50] 李洁. 以知识创新引领创新驱动发展战略[J]. 中国党政干部论坛, 2018 (7).

[51] 李晶晶, 杨震宁. 技术战略联盟, 知识产权保护与创新——一个跨案例研究[J]. 科学学研究, 2012 (5).

[52] 李黎明, 刘海波. 知识产权运营关键要素分析——基于案例分析视角[J]. 科技进步与对策, 2014, 31 (10).

[53] 李潭. 军民结合企业知识产权管理系统构建及评价研究[D]. 哈尔滨: 哈尔滨工程大学, 2015.

[54] 李潭. 军民融合企业知识产权开发过程及动力研究[J]. 管理工程师, 2017, 22 (5).

[55] 李潭, 陈伟. 基于灰类白化模型的知识产权管理绩效评价[J]. 统计与决策, 2013 (19).

[56] 李婉红, 刘芳. 剥离环境因素的中国高技术产业创新效率综合测度研究[J]. 科技进步与对策, 2019 (36).

[57] 李伟, 余翔. 中国知识产权保护强度及其评价——以加入TRIPS协议为中心[J]. 科研管理, 2014 (7).

[58] 刘旭. 从知识产权角度看中国信息技术外包[D]. 北京: 北京邮电大学, 2010.

[59] 陆小成, 罗新星. 基于知识共享的企业动态联盟多视图模型研究[J]. 科技进步与对策, 2009 (5).

[60] 刘雪菁, 杨宇, 刘芳. 新形势下企业知识产权管理策略探讨[J]. 中国发明与专利, 2019, 16 (8).

[61] 李雪茹等. 基于ISM的知识产权保护影响因素分析[J]. 情报杂志, 2009, 28 (6).

[62] 李潭. 军民融合企业知识产权协同管理结构研究[J]. 科技进

步与对策,2016 (12).

[63] 刘希宋,于雪霞. 企业知识产权管理的特征和本质 [J]. 科学管理研究,2008 (1).

[64] 李颖. 高科技企业知识产权管理体系的构建研究 [J]. 华东经济管理,2008 (9).

[65] 雷逸飞. 知识产权法律制度对技术创新的影响 [J]. 中国高校科技,2017 (3).

[66] 刘志彪. 从全球价值链转向全球创新链:新常态下中国产业发展新动力 [J]. 学术月刊,2015,47 (2).

[67] 李朝明,黄蕊. 基于协同创新的企业知识产权合作影响因素研究 [J]. 哈尔滨商业大学学报(社会科学版),2016 (1).

[68] 刘建国. 基于创新链要素的制造企业技术创新障碍与创新失败 [J]. 工业工程,2016 (3).

[69] 马虎兆,栾明,贾蓓妮. 天津市企业知识产权现状统计分析及对策研究 [J]. 科技进步与对策,2010 (1).

[70] 梅亮,陈劲,刘洋. 创新生态系统:源起、知识演进和理论框架 [J]. 科学学研究,2014 (32).

[71] 梅倩倩. 基于市场经济环境对知识产权转化途径的探究 [J]. 中国发明与专利,2016 (3).

[72] 闵森. 巴西的知识产权保护 [J]. 中外企业文化,2019 (6).

[73] 屈军,刘军岭. 自主创新、技术模仿与知识产权保护——基于中国省际面板数据的实证研究 [J]. 金融与经济,2018 (10).

[74] 屈晴晴. 市场导向的企业自主知识产权战略对创新绩效的影响研究 [D]. 苏州:苏州大学,2018.

[75] 任嘉嵩,段文博,杨忠海. 金融企业知识产权管理战略性绩效评价模型研究 [J]. 黑龙江金融,2011 (9).

[76] 孙冰. 企业自主创新动力机制研究 [J]. 软科学,2007 (3).

[77] 孙冰,沈瑞. 行业竞争强度对创新扩散效率的影响——知识吸收能力的中介作用 [J]. 科技进步与对策,2017 (1).

[78] 宋柏慧,王渊. 知识产权扩张——知识产权滥用的新界定 [J]. 科学管理研究,2011,29 (6).

[79] 宋河发，李大伟. 自主知识产权与国家知识产权战略研究 [J]. 科学学与科学技术管理，2006（5）.

[80] 寿柯炎，魏江. 后发企业如何构建创新网络——基于知识架构的视角 [J]. 管理科学学报，2018，21（9）.

[81] 佘力焓. 国际区域合作中知识产权协同创新机理研究——基于"一带一路"的框架 [J]. 科学管理研究，2018（1）.

[82] 沈莹. 信息资源共享与知识产权保护的协调 [J]. 武汉理工大学学报（信息与管理工程版），2010，32（2）.

[83] 田家林. 区域专利密集型产业知识产权运营效率比较分析 [J]. 财会月刊，2019（24）.

[84] 唐颖，罗畅. 强化知识产权运营——助推科技成果转化 [J]. 科技与创新，2020（17）.

[85] 唐杰，周勇涛. 企业知识产权战略实施绩效评价研究 [J]. 情报杂志，2009，28（7）.

[86] 祁峰. 知识产权管理外包服务模式探索研究 [D]. 北京：北京化工大学，2014.

[87] 吴国平. 技术创新与专利制度的法经济学分析 [J]. 研究与发展管理，1999（5）.

[88] 吴树山，李焕焕. 浅议我国知识产权基本理论体系的战略构建 [J]. 知识产权，2012（1）.

[89] 吴凯，蔡虹，蒋仁爱. 中国知识产权保护与经济增长的实证研究 [J]. 科学学研究，2010，28（12）.

[90] 王斌，郭清琳. 基于生态位重叠性的知识联盟演化机理研究 [J]. 中国经贸导刊（中），2019（4）.

[91] 王可达. 企业知识产权战略研究 [J]. 广西社会科学，2008（5）.

[92] 王丽. 高新技术企业知识产权管理系统研究 [J]. 时代经贸，2020（9）.

[93] 王丽. 中小企业的知识产权风险预警机制研究 [J]. 财经界（学术版），2020（8）.

[94] 王丽平，栾慧明. 组织距离，价值共创与产学研合作创新绩效 [J]. 管理学报，2019（5）.

[95] 王冉. 关于企业知识产权运营战略及其实施探析 [J]. 法制博览, 2018 (33).

[96] 王肃. 试论知识产权战略绩效评估的法制化 [J]. 河北科技大学学报（社会科学版）, 2011, 11 (2).

[97] 王肃. 知识产权战略实施绩效模糊综合评价模型之构建 [J]. 华中农业大学学报（社会科学版）, 2011 (5).

[98] 王伟军. 加强知识产权保护促进国家创新体系建设 [J]. 科技进步与对策, 2000 (7).

[99] 王闻萍. 高新技术企业知识产权战略与核心竞争力关系研究 [J]. 技术与创新管理, 2008 (1).

[100] 王振阳. 技术创新的自主知识产权：国家安全的困境与出路——以棱镜计划为视角引入 [J]. 科技视界, 2014 (21).

[101] 吴伟容, 王召. 基于奥尔森模型的高新技术企业价值评估研究 [J]. 中国证券期货, 2011 (10).

[102] 王晓云, 唐子艳. 知识产权滥用防止机制研究 [J]. 江西科技师范学院学报, 2009 (6).

[103] 卫毓珊. 新形势下企业知识产权管理探讨 [J]. 中国管理信息化, 2019 (6).

[104] 万小丽. 知识产权战略实施绩效评估中的专利质量指标及其作用研究 [J]. 科学学与科学技术管理, 2009, 30 (11).

[105] 王宗军, 杨萍. 企业自主技术创新风险的影响因素研究 [J]. 技术经济, 2008 (27).

[106] 温忠麟, 侯杰泰, 张雷. 调节效应与中介效应的比较和应用 [J]. 心理学报, 2005 (2).

[107] 许和连, 栾江艺. 国际化行为与企业知识产权保护 [J]. 南开经济研究, 2010 (3).

[108] 邢斐, 周泰云. 研发补贴、知识产权保护与企业创新 [J]. 中国科技论坛, 2020 (9).

[109] 熊卫力. 论我国高新技术企业知识产权保护 [J]. 法制博览, 2020 (16).

[110] 熊永诚. 高新技术产业商业秘密的保护策略 [J]. 中小企业管

理与科技（下旬刊），2013（1）.

［111］萧延高，范晓波. 知识产权［M］. 北京：科学出版社，2010.

［112］于丽艳. 运作过程视角下企业知识产权管理协同的实现机制研究［J］. 管理现代化，2017，37（4）.

［113］徐雨森. 基于知识产权战略的工业企业核心能力培育［J］. 研究与发展管理，2003（1）.

［114］许钟元. 知识密集型企业技术创新知识产权管理研究［D］. 哈尔滨：哈尔滨工程大学，2018.

［115］杨晨，孙旋. SCP视角下区域知识产权战略实施绩效探析［J］. 科技进步与对策，2011（3）.

［116］杨红朝. 知识产权服务业培育视角下的知识产权服务体系发展研究［J］. 科技管理研究，2014，34（8）.

［117］杨皎平，纪成君，吴春雷. 产权保护下的集群创新与知识溢出研究［J］. 软科学，2009（10）.

［118］杨静，朱雪忠. FTA知识产权保护强度评价体系设计研究与试用［J］. 科学学研究，2013（6）.

［119］杨剑钊. 高技术产业创新生态系统运行机制及效率研究［D］. 哈尔滨：哈尔滨工程大学，2020.

［120］颜涛. 法国现行知识产权权属及利益分配政策简析［J］. 全球科技经济瞭望，2020（1）.

［121］袁明，彭友华，向武，黄勇，刘良炎. 利用专利制度促进技术创新发展高新技术产业［J］. 科技进步与对策，2000（2）.

［122］杨武，田雪姣. 中国高技术产业发展的科技创新驱动效应测度研究［J］. 管理学报，2018（15）.

［123］叶伟巍，梅亮，李文等. 协同创新的动态机制与激励政策——基于复杂系统理论视角［J］. 管理世界，2014（6）.

［124］易先忠，张亚斌，刘智勇. 自主创新、国外模仿与后发国知识产权保护［J］. 世界经济，2007（3）.

［125］杨莹. 高新技术企业自主知识产权战略研究［D］. 天津：天津大学，2009.

［126］唐智芳. 知识产权管理体系中的风险管理与方法［J］. 管理观

察，2020（3）.

［127］杨早立. 我国知识产权管理系统协同发展研究［D］. 哈尔滨：哈尔滨工程大学，2016.

［128］郑秉秀. 国际贸易中的知识产权壁垒［J］. 国际贸易问题，2002（5）.

［129］赵东红. 企业组织创新评价研究［D］. 昆明：昆明理工大学，2009.

［130］曾德明，任浩，戴海闻，邹思明. 组织邻近和组织背景对组织合作创新地理距离的影响［J］. 管理科学，2014（4）.

［131］赵放，曾国屏. 多重视角下的创新生态系统［J］. 科学学研究，2014（32）.

［132］张瑾，陈青，陈俊聪. 垂直专业化、知识产权保护与我国制造业技术创新［J］. 现代财经（天津财经大学学报），2014，34（11）.

［133］赵嘉茜，宋伟，叶胡. 基于链式关联网络的区域知识产权战略实施绩效评价研究——来自中国29个省高技术产业的实证数据［J］. 中国科技论坛，2013（4）.

［134］周寄中，徐倩云. 知识经济中的知识产权制度及其激励功能［J］. 研究与发展管理，2002（2）.

［135］周明，李宗植. 基于产业集聚的高技术产业创新能力研究［J］. 科研管理，2011，32（1）.

［136］周衍平，赵雅婷. 基于前景理论和灰色关联的FMEA——知识产权风险预警研究［J］. 情报杂志，2019，38（12）.

［137］邹薇. 知识产权保护的经济学分析［J］. 世界经济，2002（2）.

［138］周文光，李尧远. 吸收能力、知识产权风险与产品创新绩效［J］. 科研管理，2016（6）.

［139］周景坤，叶伟巍，刘洪. 创业组织权力与知识的耦合机制研究［J］. 科学学研究，2020，38（7）.

［140］周游. 外商直接投资、知识产权保护与出口产业结构调整——基于联立方程和VAR模型实证分析［J］. 软科学，2014，28（11）.

［141］张永成，郝冬冬. 开放式创新下的企业知识产权管理策略［J］. 科技管理研究，2016（2）.

[142] 张永超. 知识密集型制造业知识产权管理系统研究 [D]. 哈尔滨: 哈尔滨工程大学, 2013.

[143] 张帆, 孙薇. 政府创新补贴效率的微观机理: 激励效应和挤出效应的叠加效应——理论解释与检验 [J]. 财政研究, 2018 (4).

[144] 张妍. 企业成本控制与财务管理目标 [J]. 中外企业家, 2019 (24).

[145] 张苗苗. 基于商业伦理的企业文化建设现状与对策——以知识产权企业为例 [J]. 现代企业, 2020 (3).

[146] 朱有为, 徐康宁. 中国高技术产业研发效率的实证研究 [J]. 中国工业经济, 2006 (11).

[147] 张运生, 赖流滨, 戴海闻. 专利池重复联盟能否减少合作伙伴间专利诉讼 [J]. 科技进步与对策, 2020, 37 (1).

[148] 张紫铭. 高新技术企业知识产权保护研究 [J]. 法制与社会, 2019 (35).

[149] 张振刚, 陈志明, 李云健. 开放式创新、吸收能力与创新绩效关系研究 [J]. 科研管理, 2015 (3).

[150] 周志刚, 丁秋楷, 阮丽娟. 创新网络中企业自主知识产权交互对创新绩效的影响 [J]. 科技进步与对策, 2019 (21).

[151] Appio F P, Cesaroni F, Di Minin A. Visualizing the structure and bridges of the intellectual property management and strategy literature: A document co-citation analysis [J]. Entometrics, 2014, 101 (1).

[152] Andrea Fosfuri. The licensing dilemma: Understanding the determinants of the rate of technology licensing [J]. Strategic Management Journal, 2006, 27 (12).

[153] Alegre J, Chiva R, Lapiedra R. Measuring innovation in long product development cycle industries: An insight in biotechnology [J]. Technology Analysis & Strategic Management, 2009, 21 (4).

[154] Arora A, Fosfuri A, Gambardella A. Markets for technology and their implications for corporate strategy [J]. Industrial & Corporate Change, 2001, 10 (2).

[155] Autio E, Acs Z. Intellectual property protection and the formation

of entrepreneurial growth aspirations [J]. Strategic Entrepreneurship Journal, 2010, 4 (3).

[156] Bielig A. Intellectual property and economic development in Germany: Empirical evidence for 1999 – 2009 [J]. European Journal of Law & Economics, 2015.

[157] Brandl K, Darendeli I, Mudambi R. Foreign actors and intellectual property protection regulations in developing countries [J]. Journal of International Business Studies, 2019, 50 (5).

[158] Boschma R A. Proximity and innovation: A critical assessment [J]. Regional Studies, 2005, 39 (1).

[159] Bessen J, Maskin E. Sequential innovation, patents and imitation [J]. The RAND Journal of Economics, 2009, 40 (4).

[160] Boschma R A, Ter Wal A L J. Knowledge networks and innovative performance in an industrial district: The case of a footwear district in the South of Italy [J]. Industry & Innovation, 2007, 14 (2).

[161] Brown J R, Martinsson G, Petersen B C. Whatpromotes R&D? Comparative evidence from around the world [J]. Research Policy, 2017, 46 (2).

[162] Chiang Y H, Hung K P. Exploringopen search strategies and perceived innovation performance from the perspective of inter-organizational knowledge [J]. R&D Management, 2010, 40 (3).

[163] Catherine J, Morrison. Assessingthe productivity of information technology equipment in U. S. manufacturing industries [J]. Review of Economics and Statistics, 1997, 79 (3).

[164] Chen X, Liu Z, Zhu Q. Performance evaluation of China's high-tech innovation process: Analysis based on the innovation value chain [J]. Technovation, 2018, 74 (6).

[165] Daizadeh I. Intellectual Property Management in R&D Intensive Firms [J]. International Journal of Intellectual Property Management, 2007, 1 (3).

[166] Dodgson M. Technology strategy in small and medium-sized firms

[M]. Springer Netherlands: the Economics of Small Firms, 1990.

[167] Delgado M, Kyle M, McGahan A M. Intellectual property protection and the geography of trade [J]. The Journal of Industrial Economics, 2013, 61 (3).

[168] Eppinger E, Vladova G. Intellectual property management practices at small and medium-sized enterprises [J]. International Journal of Technology Management, 2013, 61 (1).

[169] Frame J D. Mainstream research in Latin America and the Caribbean [J]. Interciencia, 1977 (2).

[170] Guo M, Li Hua, Richard. Conceptual framework of strategic intellectual property management [J]. Journal of Technology Management in China, 2008, 3 (3).

[171] Gangopadhyay K, Mondal D. Does stronger protection of intellectual property stimulate innovation? [J]. Economics Letters, 2012, 116 (1).

[172] Guns P J, Joossens J. Intellectual property management in academic drug discovery: What are the challenges? [J]. Pharmaceutical Patent Analyst, 2016.

[173] Goktan A B, Miles G. Innovation speed and radicalness: Are they inversely related? [J]. Management Decision, 2012, 49 (4).

[174] Gargate G, Momaya K S. Intellectual property management system: Develop and self-assess using IPM Model [J]. World Patent Information, 2018 (52).

[175] Gretsch O, Tietze F, Kock A. Firms' intellectual property ownership aggressiveness in university-industry collaboration projects: Choosing the right governance mode [J]. Creativity and Innovation Management, 2020, 29 (2).

[176] Holgersson M, Granstrand O, Bogers M. The Evolution of intellectual property strategy in innovation ecosystems: Uncovering complementary and substitute appropriability regimes [J]. Long Range Planning, 2017, 51 (2).

[177] Hayes Andrew F. Anindex and test of Linear Moderated Mediation

[J]. Multivariate Behavioral Research, 2015, 50 (1).

[178] Harison E, Cowan R. On substitution of intellectual property and free disclosure: An analysis of R&D strategies in software technologies [J]. Economics of Innovation & New Technology, 2014, 13 (5).

[179] Henry Chesbrough, Adrienne Kardon Crowther. Beyond high tech: Early adopters of open innovation in other industries [J]. R&D Management, 2006, 36 (3).

[180] Hery Etzkowitz, Loet Leydesdorff. The triple helix of university-industry-government relations: A laboratory for knowledge based economic development [J]. Easst Review, 1995, 14 (1).

[181] Hertzfeld H R, Link A N, Vonortas N S. Intellectual property protection mechanisms in research partnerships [J]. Research Policy, 2006, 35 (6).

[182] Hong J, Feng B, Wu Y et al.. Do government grants promote innovation efficiency in China's high-tech industries? [J]. Technovation, 2016, 11 (57).

[183] Hagedoorn J, Zobel A K. The role of contracts and intellectual property rights in open innovation [J]. Technology Analysis and Strategic Management, 2015, 27 (9).

[184] Kurfess T, Cass W J. Rethinking additive manufacturing and intellectual property protection [J]. Research-Technology Management, 2014, 57 (5).

[185] Kausik G, Debasis M. Does stronger protection of intellectual property stimulate innovation? [J]. Economics Latters, 2012 (7).

[186] Kim Y K, Lee K, Park W G et al.. Appropriate intellectual property protection and economic growth in countries at different levels of development [J]. Research Policy, 2012, 41 (2).

[187] Liu X, Jiang S. Bankequity connections, intellectual property protection and enterprise innovation: A bank ownership perspective [J]. China Journal of Accounting Research, 2016, 9 (3).

[188] Liu Z, Mu R, Hu S et al.. Intellectual property protection, tech-

nological innovation and enterprise value—An empirical study on panel data of 80 advanced manufacturing smes [J]. Cognitive Systems Research, 2018 (52).

[189] Li X, Ni H. Intellectual property management and patent propensity in Chinese small firms [J]. Innovation Management Policy & Practice, 2012, 14 (1).

[190] Lee H, Park Y, Choi H. Comparative evaluation of performance of national R&D programs with heterogeneous objectives: A DEA approach [J]. European Journal of Operational Research, 2009, 196 (3).

[191] Lichtenthaler U. The role of corporate technology strategy and patent portfolios in low-medium and high-technology firms [J]. Research Policy, 2009, 38 (3).

[192] Liu X H, Buck T. Innovation performance and channels for international technology spillovers: Evidence from Chinese high-tech industries [J]. Research Policy, 2007, 36 (3).

[193] Li X, Feng F, Cao S et al. Inventor cooperation network effects on technology diversification: The moderating role of intellectual property protection [J]. Technology Analysis and Strategic Management, 2020, 32 (9).

[194] Laursen K, Salter A. Open for innovation: The role of openness in explaining innovation performance among U. K. manufacturing firms [J]. Strategic Management Journal, 2006, 27 (2).

[195] Wei Li. Can intellectual property rights protection and governmental R&D investment promote Chinese enterprises' R&D investment? [J]. Knowledge Management Research & Practice, 2017, 15 (4).

[196] Michael Fritsch. Does R&D cooperation behavior differ between regions? [J]. Industry and Innovation, 2003, 10 (1).

[197] Minin A D, Faems D. Building appropriation advantage: An introduction to the special issue on intellectual property management [J]. California Management Review, 2013, 55 (4).

[198] Manzini R, Lazzarotti V. Intellectual property protection mechanisms in collaborative new product development [J]. R&D Management, 2016, 46 (S2).

[199] Michael J Mol. Does being R&D intensive still discourage outsourcing? Evidence from dutch manufacturing [J]. Research Policy, 2005, 34 (4).

[200] Muller D, Judd C M, Yzerbyt V Y. When moderation is mediated and mediation is moderated [J]. Journal of Personality and Social Psychology, 2005, 89 (6).

[201] Nasierowski W, Arcelus F J. On the efficiency of national innovation systems [J]. Socio-Economic Planning Sciences, 2003, 37 (3).

[202] Naghavi A, Strozzi C. Intellectual property rights, diasporas and domestic innovation [J]. Journal of International Economics, 2015, 96 (1).

[203] Olena Lvus, Walter Park, Kamal Saggi. Intellectual Property Protection and the Industrial Composition of Multinational Activity [J]. 2016, 54 (2).

[204] Palfrey J G. Intellectual property strategy [M]. Massachusetts: The MIT Press, 2012.

[205] Salitskaya, Aleksandrovna E. Present-day approaches to intellectual property management: The regional aspect [J]. Herald of the Russian Academy of ences, 2017, 87 (6).

[206] Romijn H, Albaladejo M. Determinants of innovation capability in small electronics and software firms in Southeast England [J]. Research Policy, 2002, 31 (7).

[207] So Young Kim, Eungdo Kim. How intellectual property management capability and network strategy affect open technological innovation in the Korean new information communications Technology industry [J]. Sustainability, 2018, 10 (8).

[208] Steinmo M, E Rasmussen. How firms collaborate with public research organizations: The evolution of proximity dimensions in successful innovation projects [J]. Journal of Business Research, 2016, 69 (3).

[209] Triplett Jack. High-techindustry productivity and hedonic price indexes [R]. Paris: OECD Proceedings, Organization for Economic Cooperation and Development, 1996.

[210] Tseng Chun-Yao, Goo Yeong-Jia James. Intellectual capital and corporate value in an emerging economy: Empirical study of Taiwan Ese-Manufacturers [J]. R&D Management, 2010, 35 (2).

[211] Veugelers R, Cassiman B. Make and buy in innovation strategies: Evidence from belgian manufacturing firms [J]. Research Policy, 1999, 28 (1).

[212] Wang W M, Cheung C F. A Semantic-based intellectual property management system (SIPMS) for supporting patent analysis [J]. Engineering Applications of Artificial Intelligence, 2011, 24 (8).

[213] Wang W, Song W, Fang L. Framework of high-technology industry innovation of China: Intellectual property protection and industrial knowledge base [J]. Open Journal of Social Sciences, 2015, 3 (5).

[214] Zaied A N H, Hussein G S, Hassan M M. The role of knowledge management in enhancing organizational performance [J]. International Journal of Information Engineering and Electronic Business, 2012, 4 (5).

[215] Zahra S A, George G. Absorptive capacity: A review, reconceptualization, and extension [J]. Academy of Management Review, 2002, 27 (2).

[216] Zhang J J, Rogers J D. The technological innovation performance of Chinese firms: The role of industrial and academic R&D, FDI and the markets in firm patenting [J]. International Journal of Technology Management, 2009, 48 (4).

[217] Zhang X M, Liu Q, Wang H Q. Ontologies for intellectual property rights protection [J]. Expert Systems with Applications, 2012, 39 (1).